Harri Engelmann

AUFZEICHNUNGEN EINES AUTOVERKÄUFERS

Harri Engelmann

# Aufzeichnungen eines Autoverkäufers

WeymannBauerVerlag

ISBN 3-929 395-28-2

1. Auflage 1998

Umschlaggestaltung Matthes/Grüttner
Druck und Binden
Clausen & Bosse, Leck

# WESTBESUCH

Das Telefon klingelte. Es war die Betriebsleitung. Ein Verkäufer aus Aachen sei unterwegs, würde bald eintreffen. Ich sollte ihn gebührend empfangen. Gerade hatte ich mein neues Büro hergerichtet, Poster an die Wand geheftet, Prospekte und Preislisten in die Wandschränke gestapelt. Eines war mir dabei klargeworden: Eigentlich verspürte ich für meinen neuen Job nicht die geringste Lust.

Ich träumte davon, mir als Schriftsteller den Lebensunterhalt zu verdienen. Die Bücher von Bulgakow und Turgenjew fesselten mich. Nun war ich im Begriff, Autoverkäufer zu werden. Ich fühlte mich schon wie jemand, der Tüten mit Reis und Mehl auffüllt und über den Ladentisch schiebt. Was mich in Bewegung hielt, war der Umstand, daß das Leben sich jetzt ganz sicher dramatischer gestalten würde und niemand nach Lust und beruflicher Erfüllung gefragt wurde. Angst machte es mir jedoch nicht. Wenn es mit diesem Betrieb in die Brüche gehen sollte, so war ich endlich gezwungen, vom Schreiben zu leben.

Der neue Verkäufer fuhr mit einem prachtvollen

Wohnwagen auf unseren Hof. Der Mann war jung und für meine Begriffe äußerst elegant gekleidet. Ich hatte noch nie einen solch jungen Menschen in Schlips und Kragen gesehen. Er war vorsichtig und zurückhaltend aus seinem Wagen gestiegen und sah sich nun auf diesem baumlosen Industriegelände um, als sei er auf dem Mond gelandet. Ich erlöste ihn aus seiner Starre, ging auf ihn zu, gab ihm die Hand und hieß ihn willkommen. Er war das erstemal im Osten, und seine Blicke gingen hin und her. Ich bot ihm gleich das Du an, damit die Sache in Fahrt kam.

»Eines mußt du mir gleich mal verraten«, sagte er. »Als ich durch Wismar gefahren bin, habe ich an einer Kreuzung einen Kerl gesehen: weißer Helm, schwarze Kluft, asiatische Gesichtszüge, einen Schießprügel auf dem Rücken – was war das, ein Polizist? Sehen bei euch so die Bullen aus? Ich dachte, der schießt mir in die Reifen.«

»Keine Angst«, erwiderte ich, »das war nur ein Russe. Die sind harmlos und scheu.«

Der Wohnwagen war innen wie ein Büro eingerichtet. Es gab eine Schlafkabine und eine Kochnische. Von hier aus sollte der Aachener Gebrauchtwagen verkaufen. Ein Transporter, der die Autos von dem Aachener Autohaus hierher bringen sollte, war schon unterwegs. Wir saßen in dem Wagen, rauchten, tranken aus Coladosen und fühlten uns beide irgendwie unbehaglich. Er, weil ihm alles fremd war und, wie er mir später gestand, in seinen Augen auch ein bißchen greulich, ich, weil ich solch Müßiggang nicht gewohnt war. Arbeit, das hieß für mich jahrelang Laufschritt. Meine Leute kamen bereits aus den Hallen heraus und sahen herüber. In ihren Gesichtern stand: Dürfen die denn das? Ich durfte, ich sollte von dem Burschen lernen. Also fragte ich ihn aus - was habe ein Autoverkäufer eigentlich zu tun?

»Autos verkaufen«, antwortete er trocken. »Tag und Nacht. Autos, Versicherungen und Zubehör.«

»Nachts auch?« Ich dachte, ich hörte nicht richtig.

»Klar, wenn du irgendwo in der Kneipe sitzt und das Thema kommt auf Autos, dann mußt du spitze Ohren machen und Visitenkarten verteilen.«

»Und Urlaub, wie sieht es mit Urlaub aus?«

»An so etwas darfst du gar nicht denken: Krankheit und Urlaub. Dann verkaufen andere für dich deine Autos.«

»Was hast du eigentlich vorher gemacht. Hast du Autos repariert?«

»Gott bewahre! Ich und Schrauber! Ich habe Staubsauger verkauft.«

»Verträgt sich denn das?«

»Und ob! Das ist die beste Schule. Von Haustür zu Haustür laufen und den Fuß in den Türspalt klemmen, sobald einer öffnet. Wenn du das hinter dir hast, kannst du alles verkaufen.«

Axel Wendorf, so hieß der Bursche, war blond. Frisur und Gesicht wirkten, als sei er aus dem Windkanal gekommen. Ich konnte an ihm nie eine Spur von Müdigkeit entdecken. Er war ein Typ von einem jungen Mann, der mir gänzlich unbekannt war.

Bei uns waren Leute erst ab Dreißig aus sich herausgewachsen. Die jüngeren arbeiteten nur nach Anweisung, selten, daß mal einer kreativ war oder an die »Schalthebel« gelassen wurde. Diesem hier hatte man einen »Marschbefehl« gegeben, und ich war mir sicher, daß er hier in Kürze und ganz allein einen florierenden Autohandel aufbauen würde. Hätte man ihm gesagt, er solle nach Kasachstan fahren, wäre er auch dorthin gegangen, ohne mit der Wimper zu zucken. Denn bei allem, was er sagte, ging es letztendlich nur um eines: um die »Kohle«. Obgleich ohne jeglichen Erfolg, hatte man bei uns den jüngeren stets gepredigt, sie sollten ein bißchen mehr für die Arbeit leben und im Betriebssinne denken. Bei Axel war das wohl anders. Man erfuhr kaum privates von ihm, er redete von morgens bis abends über das Geschäft. Mit den hiesigen Gegebenheiten hatte er sich sofort vertraut gemacht, ließ sich durch mich von der möglichen Psychologie der zukünftigen Autokäufer unterrichten. Den Stadtplan von Rostock studierte er wahrscheinlich nur, um seinen Kollegen, die ihn ablösen sollten, später die Lage dieses Betriebes am Telefon zu beschreiben. Sein Wissen war derart einseitig, daß ich denke, er wußte nicht einmal, warum in Wismar eigentlich die Russen liegen. Sein Wissen ging nicht in die Breite, es war schmal und hoch, sehr hoch.

Was das Verkaufen von Automobilen betraf, entwickelte er mitunter regelrechte philosophische Traktate. Einmal sagte er: »Es gibt eigentlich nur drei Arten von Verkäufern. Die erste Art ist charmant. So einer gewinnt die Kunden durch seine Liebenswürdigkeit. Er ist entwaffnend ehrlich und deckt bei den Verhandlungen die Karten auf. Er ist so natürlich zurückhaltend, daß der Kunde selbst ihn beschwören muß, er möge doch sein Auto ruhig ein wenig aufzäumen, es könne ordentlich was kosten, man kaufe einen derartigen Gegenstand ja nicht aller Tage. Bei einem solchen Typen wird der Akt des Verkaufens für den Kunden zu einem Genuß. Man identifiziert noch lange danach den seidenweichen Lauf des Motors, die Geschmeidigkeit des Fahrverhaltens, die glänzende Kühle des Karosseriedesigns mit diesem Verkaufsgenie. Ein solcher Verkäufer versteht es, den Tag der Übergabe zu einem bleibenden Erlebnis zu gestalten. Dieser Begnadete macht eigentlich nichts weiter, als das Telefon abzunehmen, Termine zu vereinbaren, Verträge zu schreiben. Man liebt ihn. Ich kannte mal so einen. Der hat Postkarten und Urlaubsgrüße aus der ganzen Welt bekommen. Und wenn er krank war, haben sie gewartet, bis er wieder am Platze saß ...«

»Und die zweite Art?« fragte ich.

»Das sind die Gerissenen. Da sie keinen Charme haben, arbeiten sie ausschließlich mit Psychologie. Die verstehen es, einem Kunden, der das Autohaus betritt und nur mal eben ein paar Prospekte mitnehmen will, eine Vertragsunterschrift abzutrotzen. Oder es will einer ein kleines Auto kaufen ohne viel Schnickschnack, und am Ende kauft er ein größeres mit Ledersitzen und Klimaanlage. Und hat der Gerissene erst einmal die Ledersitze untergebracht, wirft er den Kugelschreiber auf den Tisch, macht ein bekümmertes Gesicht und sagt, daß das eigentlich ein Widerspruch sei. Was er meine, fragt der Kunde. Und der Gerissene erwidert, wer A sagen würde, der müsse auch B sagen. Wer Ledersitze bestelle, könne unmöglich auf die Sitzheizung verzichten ...«

»Sitzheizung?« warf ich ein. »Gibt es das?«

»Sag mal, wo lebst du denn?« Er sah mich erstaunt an, um dann nachsichtig lächelnd den Kopf zu schütteln. »Entschuldige. Natürlich gibt es das. Wenn du willst, kannst du alle Sitze beheizen. Bei einigen Wagen sogar das Lenkrad. Es ist nicht zu fassen, aber die Leute kaufen das. Ein Glück, daß nicht mit dem Kopf gekauft wird, sonst könnten wir die Autohäuser dichtmachen. Der Gerissene jubelt den Leuten was unter. Er betrügt nicht, sondern fängt die Kunden ein. Er läßt nicht locker. Er fragt sie aus, schiebt ihnen ein Prospekt hin, meint, die Unterlagen seien unvollständig, die Preislisten würden erst Ende der Woche geliefert. Er könnte sie per Post schicken. Und so erfährt er die Adresse eines potentiellen Käufers. Er besucht ihn, der öffnet die Tür und meint, er sei noch nicht soweit mit dem Kaufen. Der Gerissene stellt den Fuß in die Tür und fragt, wo denn das Problem liegen würde. Wenn er sowieso kaufen wolle, warum dann erst später. Was wäre denn später anders? Die Erde drehe sich immer um die gleiche Achse.

Warum sich nicht jetzt eine Freude machen. Später könne alles vorbei sein. Wenn man alt und krank sei, was nütze da noch ein Auto. Jetzt lebe man! Schon morgen können sich die Preise anheben ...«

»Und das funktioniert?« rief ich ungläubig.

»Nicht bei jedem. Aber wenn es einer unter zwanzig ist, ist es besser als gar nichts. Aber es springen dabei mehr Abschlüsse raus, verlaß dich drauf. Letztendlich sind die Leute froh, daß sie den Deibel vom Hals haben. Her mit dem Vertrag, sagen sie und wollen unterschreiben. Aber der Gerissene rückt den Vertrag nicht raus, das ginge nicht, sagt er. Ledersitze ohne Sitzheizung sei nicht nur ein Widerspruch, es sei ein Verbrechen an der eigenen Gesundheit ...«

»Das könnte ich nie und nimmer!« rief ich in der Stille des Wohnwagens und zündete mir eine Zigarette an.

»Da mußt du aber verdammt charmant sein«, sagte er und wiegte seinen Kopf.

»Und die dritte Art, was ist mit der dritten Art?«

»Das sind die Looser. Sie sind weder charmant, noch gerissen. Und je erfolgloser sie sind, desto steifer werden sie. Oder sie versuchen's mit Gewalt. Die Kunden riechen so etwas. Ich kannte mal einen, der hat sich seinen Schreibtisch geschnappt und ihn kurz vor dem Eingang aufgestellt. Die mußten förmlich über seinen Schreibtisch steigen, um in das Autohaus zu gelangen. Oder er ist mit ausgestrecktem Arm auf die Leute zugerast. Die haben das Weite gesucht, wenn sie den schon sahen. Der hat dann immer in den Spiegel geguckt, ob er irgendwas im Gesicht hat. Vielleicht konnte er gar nichts dafür. Aber die Leute wollten einfach nicht bei ihm kaufen. Oder würdest du fünfzigtausend Mark vor einem hinblättern, der nach Angstschweiß riecht. Angst, daß er die Kinder nicht ernähren oder die Miete nicht löhnen kann. Ich sage dir, ich habe massenhaft solche Typen erlebt. Sie gucken dich scheel an, wenn du den zehnten Vertrag schreibst. Du darfst solchen Burschen nicht den Rücken zuwenden. Manchmal kommen sie auf den fatalen Einfall, daß es vielleicht an ihrem Wissen liegt. Dann lernen sie massenhaft technische Daten auswendig, pauken die Vielfalt der Ausstattungen, schließen die Augen, um sich die komplizierten Namen der Lacke einzuprägen. Und dann quatschen sie den Kunden so mit technischen Begriffen voll, daß der am Ende gar nicht mehr weiß, ob ein Auto gemeint ist oder eine Langstreckenrakete.«

»Aber technisches Wissen kann doch nur ein Vorteil sein«, erwiderte ich.

»Es ist hinderlich. Außerdem ist der deutsche Mann beleidigt, wenn einer sehr viel mehr als er selber von Technik versteht. Du mußt dir vorstellen, so einer sitzt zu Hause und wälzt die Prospekte. Er guckt fern, da spielt ein blöder Film, und er greift wieder mal zu seinem Prospekt. Er kennt ganz genau die Abmaße der verschiedenen Modelle, den Kraftstoffverbrauch, die unterschiedlichen Beschleunigungszeiten. Er weiß genau, was hinter dem Begriff Radio Data System steckt, was eine geschwindigkeitsabhängige Lautstärkenregelung ist, was ABS bedeutet, ASR, EDS, Vierventiltechnik, wie eine Lambda-Sonde funktioniert und was Quattro-Technik bei regennasser Straße bewirkt. Manche beschäftigen sich ein bis zwei Jahre damit, bevor sie dann ein Auto kaufen. Da kannst du nur den kürzeren ziehen. Je länger der Kunde redet und du ihm nur zuhörst, desto deutlicher entwickelt sich bei ihm dieses Gefühl, ein gutes Gespräch geführt zu haben.«

»Aber was mache ich, wenn einer nicht weiß, was Quattro ist? Was ist das eigentlich: Quattro?«

»Ich habe nicht gesagt, daß du von nichts eine Ahnung haben sollst. Du mußt das Wesen der Sache kennen. Bei dem Quattro-Antrieb sage ich immer: Es wirkt permanent auf alle vier Räder, und zwar elektronisch, daher Quattro. Es wird dort die Kraft weggenommen, wo sie nicht gebraucht wird, und dort hingeführt, wo sie fehlt, und zwar blitzartig. Das mögen die Autofahrer, wenn sich an ihrem Auto etwas blitzartig tut. Sie wissen zwar nicht genau, was sich da tut, aber sie sind bereit, fünftausend Mark mehr auszugeben, wenn sich an ihrem Auto etwas blitzartiger als beim Nachbarn bewegt.«

Ich ging nachdenklich in mein Büro. Worauf hatte ich mich da eingelassen?

Dann ging das Geschäft los, und ich fand keine Zeit mehr zum Nachdenken. Transporter rollten an und entluden ihre glänzende Fracht, brandneue

Autos kamen unter meine Obhut, die ich sonst nur aus Filmen kannte oder im Vorbeifahren bewundert hatte. Draußen auf dem Hof verkaufte Axel Wendorf seine gebrauchten, bei mir im Büro bestellten die Leute ihr Wunschauto oder kauften es vom Fleck weg, falls es sich unter den ausgestellten befand. Millionen Menschen waren mit Fahrzeugen auszurüsten. Da blieb keine Zeit mehr, um über den Sinn dieser Arbeit nachzudenken.

## ENTLEIN

Ein Kollege aus dem Nordwesten Deutschlands, einer der Besten in der Branche, erzählte mir, wie er zu seinem Job gekommen war. Er hatte in den sechziger Jahren eine kaufmännische Lehre gemacht. Und in dieser Zeit war er mal mit seinen Eltern in einem Autohaus gewesen. Es war kurz zuvor eröffnet worden, ein wahrer Kristallpalast. Im Zentrum des Schauraumes stand ein Cabriolet auf einem Podest, das sich langsam um die eigene Achse drehte. Das Auto funkelte im Licht der Deckenstrahler. Und jedesmal, wenn das Cabriolet eine ganz bestimmte Position »durchfuhr«, blitzte es am Lack kurz wie ein Leuchtfeuer auf. Doch den stärksten Eindruck machten die Herren Automobilverkäufer auf ihn. Sie trugen Anzüge aus feinsten Stoffen, Krawattennadeln – selbst die Schuhe glänzten im Licht der Deckenstrahler. Und so oft es die Zeit von Rüdiger Zilinski, so hieß der Junge, erlaubte, suchte er dieses Autohaus auf, tat so, als interessierte er sich für die Wagen und beobachtete die Verkäufer. Und so entstand der Eindruck bei ihm, daß das der beste Job auf der ganzen Welt wäre. Die Brüder taten nichts weiter als Zeitung lesen, hin und wieder mal das Telefon bedienen! Mal fuhr einer in einem chicen Wagen weg, mal kam einer in einem solchen wieder. Zeitung lesen und im eigenen Dienstwagen in der Stadt herumfahren – das setzte sich bei Rüdiger Zilinski fest.

Er beendete die Lehre, bewarb sich in diesem Autohaus und wurde eingestellt.

Er lieh sich von seinen Eltern Geld, ging zu einem Herrenausstatter, kaufte sich einen dunklen Anzug, zwei weiße Hemden, eine Krawattennadel aus Silber und ein paar glänzende, schwarze Schuhe. Zu Hause angekommen, zog er die Sachen gleich über, drehte sich vor dem Spiegel und zündete sich eine Zigarette an. Er war zwar groß, aber sehr schmal, hatte ein kindliches Gesicht mit einer winzigen Nase. Oft zog er völlig unangebracht die Stirn in Falten, um männlicher zu wirken, aber es sah eher kindlich-trotzig aus. Und nachts im Bett stellte er sich mit geschlossen Augen vor, wie er in seinem chicen Dienstwagen durch die Stadt fahren würde, und was die Mädchen für Augen machten. Die üblichen Träume in dem Alter.

Am ersten des Monats trat er seine neue Arbeit an. Was er nicht wußte, der Besitzer des Autohauses war ein Tyrann. Er schikanierte die Leute. Zudem hieß er noch Horst Entlein, watschelte auch ein bißchen wie eine Ente, denn er war dick und klein. Und was das schlimmste war, die Geschäfte liefen nicht. Und Entlein hatte für dieses neue Autohaus einen großen Kredit aufgenommen.

Nachdem Rüdiger Zilinski als Juniorverkäufer wochenlang Prospekte gestapelt hatte – sein Hemd war stets durchschwitzt und die Anzugshose staubig und verbeult – rief Entlein die Herren Verkäufer in sein Büro.

»Mit dem Herumlungern ist jetzt Schluß! Wenn die Kunden nicht kommen, dann gehen wir zu ihnen. Jeder nimmt sich seine Kartei vor und sucht diejenigen heraus, die ihr Auto bereits länger als drei Jahre besitzen! Und dann bearbeiten Sie die Leute! Wenn sie kein neues Auto kaufen wollen, fragen Sie, warum sie nicht wollen! Nehmen Sie Verträge mit, halten Sie denen die Kugelschreiber unter die Nase! Greifen Sie ihre Handgelenke und führen Sie womöglich selbst die Hand beim Unterschreiben! Werden Sie aggressiv, drohen Sie meinetwegen den Leuten! Führen Sie ihnen vor Augen, welche Kosten beim Gebrauch überalterter Wagen auf sie zukommen können! Und wenn sie absolut nicht dazu zu bewegen sind, einen Neuwagen zu kaufen, drehen Sie denen wenigstens einen gebrauchten an! Auch die gebrauchten stapeln sich bei uns. Machen Sie, was Sie können, doch kommen Sie mir nicht ohne Verträge zurück! Ich will von jedem einen mündlichen Bericht! An die Arbeit, aber ein bißchen dalli! Was wollen Sie denn?«

»Ich habe weder eine Kartei, noch einen Dienstwagen.« sagte Rüdiger Zilinski schüchtern.

Einen Wagen würde er bekommen, erwiderte Zilinski, da brauche er keine Sorge zu haben. Und was die Kartei beträfe, da solle er mal nähertreten.

Entlein führte Zilinski an einen Stadtplan, der nach Feldherrenart hinter dem Schreibtisch an der Wand befestigt war. »Sehen Sie diese Fähnchen? Jede markiert den Wohnsitz eines Kunden, der bei uns ein Auto gekauft hat. Manchmal stecken zwanzig Fähnchen und mehr ganz dicht beisammen, sehen Sie das?«

Rüdiger Zilinski nickte.

»Und nun schauen Sie hierhin! Dieses Gebiet hinterm Stadtpark. Wenn da zwei, drei Fähnchen steckten, wäre das schlecht. Aber da steckt gar nichts. Was ist da los, frage ich Sie? Ist da die Pest ausgebrochen? Oder wohnen da etwa Kommunisten, die aus Gnatz kein Auto fahren? Ich bekomme das Grausen, wenn ich mir diesen leeren Fleck betrachte ...«

»Vielleicht«, wagte Zilinski einzuwerfen, »vielleicht weil der Stadtpark dazwischen ist?«

Entlein sah seinen neuen Verkäufer überrascht an. Er wich sogar ein Stück zurück und riß seine kleinen Augen auf. »Das ist es, mein Freund! Der Mensch ist ein Gewohnheitstier. Manchmal scheut er vor Linien. Und das ist nicht nur eine Linie, das ist eine regelrechte Abzäunung. Wahrscheinlich kaufen sie bei Hüpenbecker & Söhne. Das liegt auf der anderen Seite, hier an dieser Stelle und ist weiter entfernt als unser Haus. Sie scheuen vor dem Park zurück. Sie denken mit, Zilinski, das gefällt mir. Dort steckt Ihre neue Kartei, greifen Sie zu, Mann! Das Gebiet gehört Ihnen, ich schenke es Ihnen!«

Zilinski bekam ein kleines Auto, einen Stadtplan, auf dem Entlein »sein Gebiet« markiert hatte, und sie einigten sich darauf, in welcher Straße er beginnen sollte, damit Entlein seinen Weg später nachvollziehen konnte.

Zilinski setzte sich in seinen Wagen und fuhr in das Viertel hinter dem Stadtpark. Die Häuser stammten aus den dreißiger Jahren, solider Backstein, weiße Fensterrahmen, ordentliche Haustüren und Vorgärten. Die meisten Häuser waren dreigeschossig. Erst fuhr Zilinski ein bißchen mit seinem Wagen umher, um sich einen Eindruck von der Gegend zu verschaffen, dann studierte er auf einem Parkplatz die Karte, um sogleich sein »Einsatzgebiet« aufzusuchen. Er hielt, zog die Handbremse an, verglich den Straßennamen mit dem auf der Karte und sah auch schon die Haustür des Blocks, bei dem er zu beginnen hatte. Dann lehnte er sich zurück, schloß die Augen und spielte in Gedanken seinen Text durch: »Schönen guten Tag, ich komme vom Autohaus Entlein GmbH und wollte ...« Ja, was wollte er eigentlich? Er konnte doch nicht mit der Tür ins Haus fallen. »Schönen guten Tag«, fuhr er leise vor sich hinflüsternd fort, »ich habe mal eine Frage ...« Ja, was wollte er denn fragen? Wie es sich hinterm Stadtpark lebt? Himmelherrgott, dachte Zilinski, und ihm fiel ein, wie sein Vater mit Vertretern umgesprungen war, die ihm irgendwelche Produkte an der Haustür andrehen wollten. Einen solchen hatte er sogar mal von der Tür weggestoßen, der Mann wäre beinahe die Treppe hinuntergefallen. Der hatte Zahnbürsten anbieten wollen, kleine Zahnbürsten für wenig Geld. Und er sollte jetzt auf der Treppe und an der Tür Autos verkaufen, die ein Vermögen kosteten! Wie stellte Entlein sich das vor! »Guten Tag!« flüsterte er. »Ich heiße Rüdiger Zilinski. Ich habe zufällig in dieser Gegend zu tun und dachte mir ...« Zilinski warf seinen Kopf auf das Lenkrad. So ging das nicht. Er konnte doch nicht ernsthaft vorgeben, zufällig in dieser Gegend zu sein und sich denken, eben mal schnell ein Auto an den Mann zu bringen. Entschlossen riß er den Kopf hoch und das Kinn nach oben: »Guten Tag! Mein Name ist Rüdiger Zilinski! Es wird ihnen sicher merkwürdig vorkommen, aber ... aber ...« Natürlich wird es ihnen merkwürdig vorkommen. In den Hintern werden sie ihm treten, die Treppe hinunterschmeißen! Die anderen Verkäufer hatten Karteikarten in der Hand, die gingen zu potentiellen Käufern. Sie konnten vorgeben, nach dem Rechten schauen zu wollen, so eine Art Kundenbetreuung zu machen. Aber er, Zilinski, hatte nichts in der Hand als einen blöden Spruch: »Guten Tag. Ich bin Rüdiger Zilinski von der Enten ... von der Entlein GmbH. Wir machen hier so eine Art Umfrage. Sie fahren doch ein Auto? Und da wollte ich sie mal fragen, wie schön das Wetter hier ist und ob das Auto noch fahrtüchtig ist ...«

»Ich kann das nicht!« rief er laut in seinem kleinen Auto. »Ich kriege das nicht fertig!«

Er stieg aus seinem Wagen und lief zum Stadtpark. Dort setzte er sich auf eine Bank, rauchte eine

Zigarette und entwarf fieberhaft eine Vorgehensweise nach der anderen, um sie schließlich alle wieder zu verwerfen, bis er völlig erschopft einschlief. Kaum, daß er aufgewacht war, erhob er sich ruckartig, ging zu dem besagten Häuserblock zurück, betrat den Hausflur, stieg die Treppe hoch und schrieb sich vor jeder Tür Notizen in ein kleines Heft: den Namen der betreffenden Familie, die Farbe des Fußabtreters und sonstige Auffälligkeiten.

Am späten Nachmittag kam er in die Firma zurück, irgendwie wild entschlossen und hellwach.

»Na«, sagte Entlein. Er saß hinter seinem Schreibtisch, zündete sich eine Zigarre an und blies den Rauch in Richtung seines Verkäufers. »Was können Sie mir berichten?« Er drückte den Knopf eines Tonbandgerätes und warf sich abwartend in seinen Sessel zurück.

Zilinski zeigte ihm die Straße auf der Karte, nannte vorsichtshalber korrekt den Namen, beschrieb die Atmosphäre des Treppenflures und die Farbe der Wände. Und, daß er unverzüglich geklingelt hätte.

»Wo?« fragte Entlein.

»Parterre rechts.«

»Wie heißen die Leute?«

»Brandstetter.«

»Wer hat geöffnet?«

»Gar keiner.«

»Wie oft haben Sie geklingelt?«

»Zweimal normal, zweimal Sturm ...«

»Weiter!«

»Dann habe ich mir die Nachbarn vorgenommen. Die heißen Kulmbeck. Der Mann war zu Hause. Er hatte nur einen Arm. Er war früher bei der Bundesbahn beschäftigt. War dann zwischen die Puffer gekommen, irgendein Güterwagen hatte sich gelöst und war auf einen anderen aufgefahren. Er bat mich in die Wohnstube. Überall lagen Platzdeckchen, und im Schrank standen ganze Batterien von Sammeltassen. Von der Lampe hingen Windspiele, aus Stroh gebastelt. Die habe er von seinem Sohn, sagte er, der arbeite in Japan und komme alle fünf Jahre mal nach Hause ...«

»Weiter«, rief Entlein, »was haben Sie ihm erzählt.«

»Na, daß ich mit Autos handele, und ob er Interesse an einem neuen Wagen hätte ...«

»Und?«

»Er sagte, er könne nicht fahren, weil er doch nur einen Arm besäße ...«

»Was ist denn das für ein Quatsch! Haben Sie ihm erzählt, daß es wunderbar funktionierende Automatik-Getriebe gibt, Autos, die praktisch von alleine fahren, haben Sie das?«

»Ich bin doch nicht von gestern, Herr Entlein! Natürlich habe ich das.«

»Und?«

»Nicht nur, daß ihm ein Arm fehlt, er hat noch eine Lederhand.«

»Was ist das denn?«

»An dem anderen Arm fehlt die Hand. Statt dessen hat er dort eine künstliche, unbewegliche unter einem Lederhandschuh ...«

»Dafür gibt es doch Behindertensysteme! Haben Sie ihm erzählt, daß man praktisch ohne Arme und Beine fahren kann, praktisch nur mit dem Kopf? Daß die Technik heute fast jede Marktlücke schließt?«

»Klar habe ich das. Aber da gab es noch ein Problem: es roch nach Fusel. Der Mann war betrunken. Er wollte mir auch was einschenken, kramte eine Karaffe mit Brandy hinter den Sammeltassen hervor. Aber ich sagte, das ginge nicht, ich sei im Dienst ...«

»Weiter! Wie hieß die nächste Familie?«

»Wylonberger, mit Y. Eigentlich keine Familie, sondern eine kleine dicke Frau um die Fünfzig, eine Witwe. Er hatte eine Herzgeschichte und ist bereits seit sechs Jahren tot. Sie hatte überall noch Bilder von ihm an der Wand, richtig gruselig. Obwohl er ein gescheites Gesicht auf den Fotos machte, die Haare ordentlich gekämmt und die Anzüge noch mit breiten Revers ...«

»Kommen Sie zur Sache!«

»Da gibt es nicht viel zu erzählen. Sie hat keine Fahrerlaubnis. Ihr Mann ist nur gefahren. Das Auto steht noch in der Garage, fast unbenutzt. Es ist nicht mal abgemeldet – können Sie sich das vorstellen? Sie waren damit zweimal in Braunlage, bei ihrer Tochter, die dort eine Zahnarztpraxis hat. Dann verstarb ihr Gatte, und nun verstaubt die Kiste ...«

»Weiter, wie heißt die nächste Familie?«

»Krummbiegel. Junge Leute, aber keine Kohle. Er war Eisenbieger, die Firma hat Pleite gemacht, und nun können sie kaum die Miete bezahlen ...«

Sie gingen jede Familie durch. Und Zilinski, in seiner Not, erfand solche phantastischen Einzelheiten, daß er sich am Ende gar nicht mehr sicher war, ob es sich wirklich um Fiktionen handelte. Er sah die Leute förmlich vor sich, hörte sogar ihre Stimmen und glaubte fast an ihre Existenz.

Doch Entlein war gerissen und von Natur aus mißtrauisch. »Wo, sagten Sie, arbeitet der Sohn von diesem armlosen Mann ... Wie hieß er doch gleich?«

»Kulmbeck. Der ist nicht armlos. Der hat einen Arm, an dem die Hand fehlt. In Osaka arbeitet sein Sohn. Er ist da irgendwie auf dem Messegelände beschäftigt, bei einer deutschen Firma. Der Name ist mir entfallen.«

»Gut«, sagte Entlein, »das war zum Üben. Für eine Sekunde dachte ich schon, Sie wollten mir einen Bären aufbinden. Aber so etwas kann sich ja keiner ausdenken. Wissen Sie, vor etwa einer Stunde habe ich einen Ihrer Kollegen gefeuert, den Wegner. Kommt hier rein und erzählt mir Geschichten. Aber ich bin doch nicht blöde. Ich merke gleich, wenn einer schwindelt. Ich habe in seinem Beisein eine seiner Adressen im Telefonbuch nachgeschlagen und angerufen. Mein Verkäufer wäre am Vormittag in seiner Wohnung gewesen, bedeutete ich dem Mann am anderen Ende, hätte seine Tasche bei ihm liegen lassen, ob er sich bitte mal umschauen könnte. Und was war? Pustekuchen mit

Verkäufer! Bei ihm wäre nie ein Verkäufer gewesen. Hatte mich also belogen, der Heini! Wie finden Sie das, Herr Zilinski?«

»Abgeschmackt!« antwortete Rüdiger Zilinski und sah seinem Chef fest in die Augen.

Nachts, als er im Bett lag, schwor er sich, am nächsten Tag richtig zur Sache zu gehen. Er würde einfach klingeln, ein nettes Gespräch führen und vielleicht sogar einen Abschluß zustande bringen. Als Referenz sozusagen. Außerdem, sollten doch die Leute von ihm denken, was sie wollten. Es kannte ihn ja dort niemand. Außerdem ist es nichts Verwerfliches, eine Ware an den Mann bringen zu wollen. Im Leben muß man kämpferisch vorgehen, hatte ihm sein Vater gepredigt. Er konnte ihm doch unmöglich unter die Augen treten und zugeben, daß er bei dem ersten Scharmützel kläglich versagt hatte. Sicher, so hatte er sich diesen Beruf nicht vorgestellt. Aber was man angefangen hat, das muß man auch zu Ende führen; das hatte ihn sein Vater auch gelehrt. Mit solchen Überlegungen schlief er schließlich ein.

Am nächsten Tag saß er wieder wie festgenagelt in seinem Auto, den Kopf auf dem Lenkrad. »Ich kann das nicht«, flüsterte er. Endlich riß er sich hoch, betrat einen Hausflur, sein Herz klopfte und Angstschweiß bildete sich auf der Stirn. Da kam ein Mann die Treppe herunter. Er hatte ein breites, strenges Gesicht und trug eine Hornbrille. Er stutzte, als er Zilinski auf dem unteren Treppenabsatz stehen sah.

»Was treiben Sie denn da?« fuhr er ihn an.

»Ich suche eine Familie Kulmberger ...«

»Die wohnen doch gar nicht hier. Die finden Sie in der Nummer eins. Doch da wird jetzt nur der Sohn zu Hause sein.«

Fast wäre es ihm entschlüpft: »Ich denke, der arbeitet in Osaka?«

Am Nachmittag saß er vor Entlein, das Tonbandgerät lief und Zigarrenrauch stand in der Luft. »Ganz oben links wohnt Herr Holm. Ein furchtbarer Kerl! Breit, aufgeblasen und Hornbrillenträger. Er ist Prokurist bei Siemens. Mittags ißt er immer zu Hause. Seine Frau kocht. Sie ist klein, scheu und kuscht vor ihm. Er fahre grundsätzlich Mercedes, knurrte er mich an. Sein Urgroßvater sei Mercedes gefahren, sein Großvater, Vater ... etwas anderes käme ihm da gar nicht in die Tüte.«

»Mercedes – da kann man nichts machen«, sagte Entlein. »Das sehe ich ein. Das ist nicht unsere Kundschaft. Weiter, der Nachbar. Was ist mit dem Nachbarn des Prokuristen?«

So ging das zwei Wochen lang. Und es kam der Tag, an dem Zilinski die Quellen seiner Phantasie versiegten. Er konnte nicht mehr. Es gab nur noch zwei Möglichkeiten: Entlein die Papiere auf den Tisch werfen oder wahrhaftig klingeln. Aufstehen und klingeln! Oder klopfen! Oder die Tür eintreten!

Rüdiger Zilinski griff sich seine Tasche, warf die Tür seines Dienstwagens ins Schloß, daß das kleine Auto im Fahrgestell wackelte und ging mit langen, festen Schritten auf einen der Hauseingänge zu.

Noch im Gehen beschloß er, mit der Wohnung ganz oben anzufangen. Und wieder begann sein Herz zu rasen. Er achtete nicht darauf und ging einfach die Treppe hoch. Plötzlich fühlte er, wie seine Knie anfingen zu zittern, seine Beine wurden steifer und steifer, der Mund war trocken, dann stellte er vor Erschöpfung seine Tasche ab, stützte sich mit beiden Armen an den Pfosten der Wohnungstür, keuchte vor Erregung. In dieser Stellung verblieb er, den Kopf nach unten, die Haare hingen ihm ins Gesicht.

Da öffnete sich plötzlich die Tür einen Spalt breit und der Kopf einer Frau erschien. Vermutlich hatte sie kratzende Geräusche vernommen oder gar das Keuchen von Rüdiger Zilinski gehört. »Was ist denn mit Ihnen los?« fragte sie entsetzt. »Ist Ihnen schlecht, haben Sie einen Anfall gehabt? Kommen Sie, ich führe Sie in die Küche.« Sie nahm seinen Arm, legte ihn sich um die Schulter, geleitete so den schmalen Zilinski bis zu einem Stuhl und nötigte ihn, sich zu setzen.

Die Frau war um die Vierzig, hatte ein schönes ebenmäßiges Gesicht, geschminkte Lippen und kluge, nun ein wenig besorgt dreinblickende Augen. »Ich bin Ärztin«, sagte sie, »lassen Sie mal fühlen!« Sie ergriff sein Handgelenk, berührte die Stelle wo der Puls saß, sah ihm tief in die Augen und meinte: »Sie sind ja ganz blaß, haben Sie das öfter?«

»Nein«, antwortete Rüdiger Zilinski ächzend, »es ist nur ... ist nur ... es ist eigentlich so: ich verkaufe

Autos. Ich bin bei der Firma »Entlein GmbH« angestellt. Und dieser Herr Entlein ... ja, wie soll ich es erzählen?«

Doch weil die Frau mit dem vertrauenerweckenden Gesicht ihn so aufmerksam ansah, berichtete er ihr alles. Er trank den Tee, den sie ihm bereitet hatte und erzählte ihr die ganze vertrackte »Außedienstgeschichte«.

Als er fertig war, lächelte die Ärztin. »Ganz einfach, Sie handeln gegen Ihre Natur. Ihr ganzer Körper rebelliert dagegen. Dabei haben Sie das doch gar nicht nötig. Sie sind jung und sehen charmant aus. Ich bin sicher, sie werden den Leuten alles verkaufen können. Nur müssen Sie Ihren Stil finden. Was vertreten Sie denn für eine Marke?«

Zilinski sagte es ihr. Sie bot ihm eine Zigarette an, nahm sich selbst eine, stieß den Rauch zur Seite aus, ohne den jungen Verkäufer aus den Augen zu lassen. »Wissen Sie was«, sagte sie, »machen Sie mir doch mal ein Angebot. Ich bin seit einer Woche geschieden. Meine Praxis liegt am anderen Ende der Stadt. Früher hat mein Mann mich dort hingefahren. Nun geht das natürlich nicht mehr ... « Sie erzählte und erzählte, rauchte unentwegt, ließ sich anschließend Prospekte zeigen, tippte mal hierhin und mal dorthin, kicherte vor Übermut, und am Ende hatte Zilinski seinen ersten Vertrag in der Tasche: ein gelbes Cabriolet mit schwarzen Ledersitzen.

»Na sehen Sie«, meinte die Ärztin lachend, »es geht doch. Und wenn das Auto schnell geliefert wird und alles so klappt, wie ich es mir vorstelle, bequatsche ich meine Freundin, die will sich nämlich auch ein Auto kaufen.«

Entlein saß wie immer hinter dem Schreibtisch und rauchte. »Wie ich das hasse: all diese armlosen Penner und Eisenbieger. Ich kann diese Geschichten nicht mehr hören. Was macht ihr Brüder da draußen? Die Tonbänder sind voll und die Kassen leer.«

»Autos verkaufen«, antwortete Rüdiger Zilinski tonlos und warf seinem Chef den Vertrag hin.

# STARTSCHWIERIGKEITEN

Ich träumte davon, zur See zu fahren oder Künstler zu werden. Und wurde Fernmeldemonteur. Ich stocherte also lustlos in Telefonen herum, warf sie schließlich in eine Ecke und flog aus der Lehre. Dann arbeitete ich als Handlanger, ließ mich aller naselang krankschreiben und verfluchte die Arbeitswelt.

Schließlich fragten mich meine Eltern voller Verzweiflung, welche Arbeit in diesem Leben noch für mich in Frage kommen könnte. Sie fragten das sehr behutsam, denn ich neigte dazu durchzudrehen und mit den Türen zu schmeißen. Und weil ich meine Ruhe haben wollte, erwiderte ich: »Irgendwas mit Autos.«

Und so begann ich eine Lehre als Autoschlosser. Ich hatte fortan von morgens bis abends mit Autos zu tun. Und so ist es bis zum heutigen Tag geblieben.

Ursprünglich war ich handwerklich unbegabt. Ich besaß zwei linke Hände und konnte kaum die Reifen meines Fahrrads wechseln. Von dem Beruf des Autoschlossers hatte ich folgende abenteuerliche

Vorstellung: mit einem winzigen Schraubenzieher tagaus, tagein irgendwelche Schräubchen am Vergaser verstellen und anschließend stundenlange Probefahrten vornehmen. Dieser Zahn sollte mir schnell gezogen werden.

Einmal wies mich der Meister an, die Bremstrommel eines Lastkraftwagens an der Drehbank zu bearbeiten. Das war ein seltenes Teil, und er gebot mir Achtsamkeit. Ich sollte sie so ausdrehen, daß die Riefen auf der Bremsfläche verschwanden. Eigentlich eine Idiotenarbeit, wie der Meister beiläufig bemerkte. Er zeigte mir, wie man die Bremstrommel einspannt und wie der Drehmeißel befestigt werden mußte. »Hast du das kapiert?« fragte er mich. Ich nickte und machte mich ans Werk. Ich fummelte hier und fummelte dort. Endlich hatte ich alles ausgerichtet. Ich brachte die Drehbank in Gang, zündete mir heimlich eine Zigarette an und sah verstohlen auf die Uhr: Es war kurz vor Feierabend.

Da krachte es, der Drehmeißel rutschte aus seinem Sitz, kratzte laut kreischend eine tiefe Riefe in die Bremsfläche, brach ab und ein Stück von ihm flog dicht an meinem Kopf vorbei. Ich trat schnell die Zigarette aus, denn der Meister hastete herbei. Er stellte die Drehbank aus, beugte sich über sie, setzte sich seine Brille auf und starrte schweigend auf das Malheur.

»Das verstehe, wer will«, sagte ich mit piepsiger Stimme. »Ich habe alles schön festgezogen ...«

»Verschwinde, du Arschloch!« schrie der Meister,

sein Gesicht war krebsrot. »Hau ab, sonst zieh ich an dir alles schön fest! Das kann es doch gar nicht geben! Solch ein Hornochse ist mir noch nicht untergekommen!«

Dieser Vorfall rüttelte seltsamerweise stark an meinem schwach vorhandenen Ehrgefühl. Langsam und allmählich begann ich mich zu konzentrieren und mir Fertigkeiten anzueignen, für die ich mich ursprünglich nicht geschaffen fühlte. Bald hatte ich mich so sehr in diesen Beruf vertieft, daß ich vergaß, über das Leben nachzudenken. Außerdem spürte ich, daß mit den Autos irgend etwas anders war als mit den Telefonen. Was dieses andere ausmachte, das wußte ich damals noch nicht.

Mit den Leuten, die vom Auto leben, ist es ähnlich wie mit den Medizinern. Sie umgibt ein gewisser Nimbus. Zwar sind sie nicht Herren über Leben und Tod, aber sie scheinen ähnlich eingeweiht zu sein. In diesem Falle in die Geheimnisse der Maschine. Man muß nur mal einen alten, erfahrenen Meister gesehen haben, wie er, was vor einigen Jahren noch üblich war, ein Hörrohr an einen Motorblock legt und schroff die Befehle gibt: »Geben Sie mal ein bißchen Gas, nicht soviel ... ja, halten Sie es so!« So steht der Meister vornübergeneigt da und lauscht mit geschlossenen Augen. Dann richtet er sich ruckartig auf und schweigt. Schweigt vor sich hin, während der Besitzer des Wagens zaghaft an ihn herantritt. Er mag gebildet sein, ein Künstler womöglich, ein hochdekorierter Wissenschaftler oder sonst eine Koryphäe – hier ist er eine Null. Er hat zu warten, bis der Meister die Signale aus den Tiefen dieser geheimnisvollen Maschine in sich aufgenommen, sich deren Code übersetzt hat und mit der Sicherheit eines Scharfrichters den verbalen Schlag führt: »Die Nockenwelle!« Was weiß der Laie, was eine Nockenwelle ist. Er japst nach Luft, die Wochenendfahrt zur Schwiegermutter steht auf dem Spiel, alles ist gepackt und geplant. Und wenn er Glück hat, das Ersatzteil zur Hand ist, und er nicht ausfallend wird, sondern schön die Spielregeln einhält – ein leicht gebeugter Rücken, vielleicht ein zuckendes Auge – dann kann es sein, daß der Meister sich aufrafft und bedeutet: »Kommen Sie morgen nach dem Frühstück, dann läuft er wieder!«

Ich war praktisch von solchen Aristokraten umgeben. Man erzählte sich Legenden von ihnen, wie respektlos sie mit der Technik umsprangen. Autos zu reparieren ist keine Teamarbeit. Kfz-Handwerker sind Einzelkämpfer. Da zählt der Individualist.

Viele Jahre später sollte mal so ein heiliger Funke auch auf mich überspringen, und ich konnte aus eigenem Erfahren seine Wirkung studieren. Man hatte mich in eine Kleinstadt versetzt. Dort gab es einen Betriebsteil, der unserem Firmenverbund angehörte und in dem seit Jahrzehnten Lastkraftwagen repariert wurden. Kleinstädter und Autoschlosser – eine gefährliche Mischung. Da liefen praktisch dreißig Sonderlinge herum. Denen sollte ich beibringen, wie man den »Trabant« repariert.

In den größeren Städten wurde man nicht mehr mit der Flut der Aufträge fertig. Also suchte man krampfhaft nach Lösungen. Eine solche »Feldschmiede« in eine Kleinwagenwerkstatt umzuwandeln, schien eine zu sein.

Die Arbeit an den Lastkraftwagen war körperlich schwer, die Leute vierschrötig und ölverschmiert. Sie liebten diese Arbeit. Man sah es daran, wie geschickt sie mit den großen und schweren Ersatzteilen hantierten, liebevoll über die wohlvertrauten Eisenteile strichen, die allesamt durch ihre Unförmigkeit ins Auge stachen. Wenn nun einer von diesen Bären genötigt wurde, die Kupplung von einem Kleinwagen zu reparieren, so sah das aus, als stellte er sich ein Weidenkörbchen an den Arbeitsplatz. So einer ekelte sich förmlich vor dessen Winzigkeit. Gerade diese Winzigkeit war es aber, die ein hohes Können und schlanke, geschickte Finger erforderte. Dieses Auto besaß Tücken und technische Besonderheiten, hinter deren Geheimnis man mitunter erst nach Jahren kam. Ständig sprangen diesen Männern winzige Federn aus den Pranken, oder sie klemmten sich aufgrund der geringen Abmessungen die Finger. Das sei doch kein Auto, erbosten sie sich, das sei eine Gehhilfe! Natürlich legte sich dieser Schatten der Verachtung auch auf mich. Dann kam noch hinzu, daß ich ebenfalls nicht gerade groß bin. Eine Zwergeninvasion sozusagen mitten in dieser Riesenidylle!

In einer Mittagspause hatten sie den Trabant einer Lagerarbeiterin auf die Hebebühne gefahren.

Zehn Mann standen um den Wagen herum und fachsimpelten. Einer von diesen Hünen ging an meinem Büro vorbei.

»Was ist denn da los?« rief ich durch das offene Fenster.

»Er macht im Leerlauf Geräusche«, antwortete er unwillig.

»Wo?« fragte ich.

»Als käme es unter der Fußmatte hervor«, gab der Schlosser zurück.

»Das ist der Getriebewinkel«, sagte ich lakonisch. »Entweder ist er gebrochen, oder die Bolzen sind lose.«

Das könne nicht sein, sagte der Schlosser, sie seien diesem Phänomen schon seit Wochen auf der Spur. Er sah mich an, als wollte er sagen: Was weißt du Zwerg schon davon. Das beeindruckte mich wenig. Er konnte nichts ahnen, von meiner fast künstlerischen Leidenschaft, die sich in all den Jahren entwickelt hatte. Ich liebte Geräusche. Sie regten mich an. Sie waren wie das spöttische Kichern der Maschinen. »Such mich«, bedeutete ihr Klopfen, Klingeln und Schaben. Ich entgegnete also, sie sollten den Motor anwerfen. Sie taten es. Ich griff mir einen Steckschlüssel, trat unter das Fahrzeug, zog die betreffenden Bolzen fest, und das Nebengeräusch erstarb. Ein Lächerlichkeit, wenn man mit diesem Typ Auto vertraut war. Als ich unter dem Wagen hervortrat, wichen die Männer vor mir zurück. Der Vorfall sprach sich schnell in der Kleinstadt herum. Die Leute hoben mich einvernehmlich in den Rang eines Experten. Nur das zählte hier.

Heute wundere ich mich manchmal, wie ich es so lange bei den Autos ausgehalten habe. Stets war ich fett- und ölverschmiert. Es verging kaum eine Woche, in der ich mich nicht verletzte. Ich besaß, wie gesagt, kaum eine natürliche Begabung für diesen Beruf und haßte das frühe Aufstehen. Während der Lehre hatte ich nur eines im Sinn: sie zu beenden, etwas besonderes zu machen. Ich zeichnete viel und spürte eine besondere Neugierde nach allem, was mit Kunst und Kultur zu tun hatte. Natürlich verbarg ich das, denn in dieser rationalen Maschinenwelt kam man schnell in den Verdacht, als Abartiger zu gelten. So nach und nach aber ergriff mich das Mysterium Auto. Es waren wohl die steten Erfolgserlebnisse, diesen »Kutschen« auf die Sprünge zu helfen. Denn es gibt wohl nichts, was so tot und unförmig wirkt wie ein Automobil, das den Geist aufgegeben hat. Geschaffen, um pfeilschnell über die Autobahn zu rasen oder sich leicht federnd in eine Kurve zu legen, erschien so ein Gefährt erbärmlich klotzhaft und sperrig, wenn es von einem Schleppfahrzeug abgelassen oder mühevoll in eine der Hallen geschoben wurde. Waren die Motoren oder die Getriebe ausgebaut, erinnerten sie an ausgeweidetes Schlachtvieh. Kabel ringelten sich hilflos ins Leere, und Gestänge fielen, ihrer Funktion beraubt, in die gähnenden Schächte. Da wenig Zeit zur Verfügung stand – stets drängte ein Termin, irgendwo in der

Stadt lauerte ein Mensch auf die Stunde, in der er von seiner vermeintlichen Bewegungslosigkeit erlöst wurde – mußte man konzentriert und schnell arbeiten. Verschlissene, gebrochene, verkohlte Teile wurden aus ihren Verankerungen gedrückt, geschraubt oder geschlagen, um gegen neue, oft verheißungsvoll glänzende oder matt blinkende ausgetauscht zu werden. Besonders die Arbeit am Motor war erregend, dem Herzstück der Autos. War alles in die Halterungen gehoben, verschraubt und eingestellt, kam die Stunde der Wahrheit. In der ersten Zeit klopfte mein Herz, und ich schloß die Augen, wenn ich den Zündschlüssel drehte. Dann ratterte der Anlasser, die ersten Verbrennungsstöße folgten, und endlich heulte die Maschine auf, scharf und gesund. Ich öffnete die Augen, sah mich triumphierend in der Halle um. Was hatte ich nicht alles im Laufe der Zeit unter die Hände bekommen: Lastkraftwagen mit Kadaveraufzug, Straßenreinigungsmaschinen, Behindertenfahrzeuge, Polizeiwagen, Krankenwagen, sogar Panzerwagen und Kübelfahrzeuge, als ich bei den Soldaten war. All diese Reparaturen waren von diesem stillen Triumph gekrönt, der sich dann einstellte, wenn ich das betreffende Gefährt auf den Hof zur Probefahrt stellte.

Ich hatte zu einer Zeit den Beruf ergriffen, in der mehr und mehr die Motorisierung der Massen um sich griff. Das Auto wurde zum Gesprächsthema. Saß ich in einer Runde, und jemand wies darauf hin, daß ich mit Autos zu tun hatte, schaute man mich respektvoll an. Man stellte mir alle möglichen blödsinnigen Fragen, so wie man Ärzte fragt: »Was ist das, wenn ich den Arm hebe, dann sticht es in der Seite ...?« Mich fragte man: »Wenn ich im dritten Gang das Gas wegnehme, dann hämmert es so komisch, was kann das sein?« Und es verging wohl keine Geselligkeit, bei der nicht einer vor mir saß und mit dem Mund Geräusche nachahmte: »Tack, tack, tack, tack ...« oder »wumm, wumm, wumm«, oder sie quietschten gottserbärmlich oder miauten, was das Zeug hielt, willens, in ihren schrecklichen Ahnungen bestärkt zu werden. Denn nichts war ihnen fataler, als sich getäuscht zu haben. Männer stehen unter dem seltsamen Druck, technisches Verständnis, gar ein Gehör für Motoren und Mechanik besitzen zu müssen. Sie warfen sich erleichtert zurück, wenn ich die Mutmaßungen bestätigte, und wendeten sich ihren Frauen zu: »Hörst du, was er sagt, hörst du das? Die Kupplung rutscht. Immer habe ich gepredigt: ›Laß die Kupplung schneller los!‹ Jetzt haben wir den Salat!« Das ist auch so eine Sache, daß immer die Frauen schuld sind. Stets sind sie es, die mit angezogener Handbremse gefahren sind oder die Kupplung malträtiert haben. Und stets nehmen sie die Schuld still auf sich, obwohl es gar nicht erwiesen ist.

Allmählich begann mir diese Aufmerksamkeit, die man mir gegenüber an den Tag legte, Spaß zu machen. Ich ahnte, daß das Auto weit mehr ist als nur ein simples Fortbewegungsmittel. Also beschloß ich, noch ein paar Jahre damit weiterzumachen und dann weiterzusehen.

Eines wurmte mich jedoch. Während ich als Motorenknecht in der Arbeitsgrube ackerte, scharwenzelten die Meister mit den Kunden herum. Sie trugen Kittel mit Bügelfalten, stets ein Notizbuch in der Brusttasche und sie versenkten abwartend die Hände in den Kitteltaschen, wenn sie den Schilderungen der Kunden lauschten. War eine Dame zugegen, drückten sie das Kreuz durch und stolzierten um das Auto wie Stierkämpfer. Das Leben spielte sich dort vorn ab, bei der Reparaturannahme. Da mußten sich alle melden, zu Fuß, entnervt und kleinlaut. Dort wollte ich mitmischen.

Es dauerte tatsächlich nicht lange, und ich stolzierte selber über den Hof: im gebügelten Kittel und mit dem obligatorischen Meisterbüchlein in der Brusttasche.

Das tat ich gut zehn Jahre. Inzwischen hatte ich zu Schreiben begonnen, hatte ein Buch veröffentlicht, steigerte mich in die Literatur hinein, wie ich es weiland bei der Technik praktiziert hatte: ein bißchen krankhaft ausdauernd. Ich sagte mir, das Auto hat dich lange genug beschäftigt, nun kann es beiseite geschoben werden. Dieser Abschnitt im Leben ist vorüber, ein neuer beginnt. Vorbei.

Ich schrieb auch keinesfalls Autogeschichten. Als ein Kritiker bemerkte, daß in Engelmanns Erzählungen übergebührlich viel gefahren und geschaltet wird, ging ich bewußt gegen diese Manier an. Ich redete mir ein, ich könnte das vorherige Leben einfach abstreifen und so eine Art zweiten Akt beginnen.

Aber das Leben ist keine Maschine, die man problemlos manipulieren kann.

# FRAUEN UND FARBEN

Frauen sind jetzt in Sachen Auto ebenso unterwegs wie Männer. Männer sind an der Technik interessiert: was verbraucht er, wie verhält er sich bei regennasser Straße, wie arbeitet die elektronische Differentialsperre? Frauen läßt das in der Regel kalt. Sie schauen mehr über die Schulter zu den Formen hin, begutachten die Verarbeitung der Sitzgarnituren, streichen über den Lack – die Farbe ist ihnen oft wichtiger als die Größe des Kofferraumes.

Männer sind souverän. Meistens wissen sie schon alles. Sie wollen nur mal hören, ob der Verkäufer nicht vielleicht noch ein bißchen mehr weiß, möchten sich mit ihm messen. Und doch sind sie weniger anstrengend als Frauen. Vielleicht wäre es anders, wenn mehr Frauen Autos verkaufen würden. Denn so betreten Kundinnen schutzlos eine Männerdomäne. Hinter dem Schreibtisch finden sie dann einen Lackaffen, der mit seinem Kugelschreiber spielt. In der Regel verfällt dieser in die schlechte Angewohnheit, Frauen zu belehren. Sie fragt, was denn ein solches Auto da koste. Was sie denn meine, will der Verkäufer wissen und verfährt, als sitze ihm seine eigene Frau gegenüber. Dieses Auto gebe es in mehr als dreißig Varianten. Als Diesel, als Benziner, die wiederum mit Sechszylinder-Motoren ausgerüstet, als Vierzylinder, mit und ohne Turbo, in normaler Ausführung oder mit sechzehn Ventilen, mit permanentem Allradantrieb versehen, tiefergelegt, höhergesetzt oder ganz und gar in sportlicher Ausführung, nebst Sportsitzen und Dreispeichenlenkrad, ganz zu schweigen von der luxuriösen Variante mit Wurzelholz und Leder, kostbaren Satinbezügen oder einschmeichelnden Veloursstoffen. »Soll's mit Navigationssystem sein«, fragt er gedehnt weiter, »mit Bordcomputer, darf es mit Tempomat sein, Klimaanlage, Memoryschaltung für die Sitze, Solardach, Antischlupfregelung ...«

Während der Verkäufer alle Errungenschaften der Technik sonor aufzählt, benutzt er seine Finger. Er biegt jeden einzelnen weit nach hinten, bis er alle der Reihe nach durch hat, um sich den Daumen der linken Hand erneut zu greifen und zu demonstrieren, wie zwecklos eigentlich so ein laienhaftes Unterfangen ist, nach einem Preis zu fragen, angesichts dieser überquellenden Fülle. Es ist auch ein wenig wie ein dummer, ungeschickter Flirt. Sieh her, bedeutete diese Aufzählung, in diesem Universum bin ich ein Meister! Bei einem Mann würde er sich das niemals wagen. Doch dort steht ein zierliche Frau. Und in der Regel ist ihre Nase bereits weiß vor Ärger. »Ich wollte eigentlich ein Auto kaufen«, sagt sie pikiert. »Aber ich sehe schon, sie handeln mit Weltraumstationen.«

Und weil Frauen oft, nicht immer, so behandelt werden, geben sie sich unnahbar, wirken oftmals arrogant aus Unsicherheit heraus. Sie schauen einen von oben herab an wie einen Knecht, verlangen Prospekte und Preislisten, nehmen das dargereichte mit spitzen Fingern entgegen und sind eigentlich immer auf dem Sprung von einem weg. Sie suchen das Weite, ›bevor dieser Lakai dort von seinem Dieseldingsbums zu schwätzen anfängt.‹ Man gewinnt sie eigentlich nur, wenn es einem gelingt, sie in ein Gespräch über Formen und Farben zu verwickeln.

Männer läßt man in den Kofferraum schauen. Da stecken sie den Kopf rein und sagen: Wahnsinn! Obwohl ein großer Kofferraum nur einmal im Jahr gebraucht wird, im Urlaub beispielsweise. Frauen läßt das kalt. Sie hassen Kombis, leben aber auf, wenn sie von Linien und Rundungen angerührt werden. Dann legen sie den Kopf auf die Seite und streicheln mit der Hand den Kotflügel.

Gefährlich wird es, wenn Frauen unter dem Druck stehen, Männer kopieren zu müssen. Sie haben sich durchgesetzt und wollen nun ihr Auto alleine kaufen. »Meinetwegen«, sagt der Mann, der Freund oder der Arbeitskollege zu einer solchen Frau, »aber denk daran, du hast es dort mit Gangstern zu tun. Ehe du dich versiehst, hat dich der Verkäufer aufs Kreuz gelegt. Ich hab' dich gewarnt.«

Neulich betraten zwei Frauen den Schauraum,

in dunklen Kostümen und mit kleinen ledernen Bürotaschen. Die etwas größere dunkelhaarige Frau war frischgebackene Geschäftsführerin eines hiesigen Unternehmens, die sich unversehens in die Lage versetzt sah, drei Autos zu kaufen. Sie war noch nie im Leben in einem Autohaus gewesen, das hatte stets ihr Mann besorgt. Aber nun war sie Chefin und verantwortlich für solche Geschäfte. Außerdem war sie ehrgeizig und stand unter dem Druck, alles alleine machen zu wollen. »Bitteschön«, hatte der Prokurist pikiert bemerkt – bislang hatte er nämlich solche Geschäfte tätigen dürfen – »bitteschön, aber denken Sie daran, daß mit den Brüdern dort nicht zu spaßen ist. Die sind so ausgekocht, denen dürfen Sie nicht mal den Rücken zuwenden.«

Sie könne ganz gut alleine auf sich aufpassen, hatte sie ihm geantwortet, dafür sei sie ja schließlich Chefin. Sie schnappte sich aber vorsichtshalber eine Mitarbeiterin. Die hatte zwar auch keine Ahnung von Autos, aber ein ziemlich loses Mundwerk. Eine Büromaus mit Brille, die dermaßen hochmütig dreinsah, daß einem angst und bange wurde.

Ein Kollege von mir machte sich in die Spur. Es ist immer das gleiche Ritual. Jemand ist im Schauraum, man erhebt sich, guckt ein bißchen aus dem Büro auf die Kunden. Nicht zu hastig, aber doch schon mit gespannten Muskeln, denn der Verkäufer in dem Büro daneben rührt sich ebenfalls, nur, er ist zu weit vom Kunden entfernt, es fehlen ihm drei Meter, und die Fairneß gebietet ihm, sich zum Vorteile des Ersten zurückzuhalten. Nicht allzu lange fesselt ihn dieser Kodex. Denn schaut der vordere noch sehr lange wie unbeteiligt an die Decke oder auf die Armbanduhr, gilt das als Signal zur freien Jagd. Dann schießt der hintere an dem vorderen vorbei. Das alles dauert kaum eine Minute. Und je höher der Verkaufsdruck ist, desto flinker sind die Bewegungen, so flink wie die kleiner Tiere, Geckos beispielsweise: Köpfchen, Äuglein, Näschen - alles ruckt und zuckt sich förmlich witternd in die Richtung eines vermeintlichen Geschäfts.

Mein Kollege hatte den Vortritt. Er ist ein liebenswürdiger, ehrlicher Kerl. Er hat ein offenes Gesicht, einen klaren Blick, und sein Äußeres, die Kleidung, ist seinem Wesen angemessen: geradlinig und korrekt. Er ging also im spitzen Winkel auf die beiden Frauen zu und fragte höflich, ob er ihnen behilflich sein könnte.

»Sehen wir behindert aus?« fragte die Büromaus schnippisch. »Wir können uns gut und gerne alleine helfen. Wir gucken hier nur ein bißchen. Wenn wir was wollen, fragen wir.« Dabei streifte ihr Blick die Chefin. ›Na, wie hab ich das gemacht?‹ lag in diesem Blick. Genausogut hätte sie dem Verkäufer in den Bauch treten können.

Dieser, eigentlich von friedfertiger Natur, dachte: ›Rutsch mir doch den Buckel runter, du Blindschleiche!‹ Laut sagte er: »Entschuldigen Sie bitte! Ich dachte nur ... weil Sie sich doch hier die Autos anschauen ... Entschuldigung.« Und wollte den Rückzug antreten. Da griff die Chefin ein. »Wir wollen Autos kaufen«, sagte sie barsch. »Wie sind Ihre Konditionen?«

»Das kommt auf die Autos an. Ich weiß ja nicht, was Sie kaufen wollen ...«

»Brötchen«, sagte die mit der Brille frech. Doch ihre Chefin nahm sie beiseite. »Wenn wir drei Autos kaufen, welchen Rabatt räumen Sie uns dann ein? Was gibt es für Nachlässe, ist Ihnen das nicht geläufig?«

»Sicher. Nur haben die Fahrzeuge unterschiedliche Handelsspannen. Man redet erst über die Ware und dann über den Preis, meinen Sie nicht?«

»Wollen Sie mich belehren?«

»Um Gottes Willen, nein! Ich will nur damit ausdrücken ... Oder besser gesagt: an welche Autos denken Sie denn? Was wollen Sie damit machen?«

»Fahren, was sonst?« hetzte die Büromaus.

Mein Kollege verdrehte unmerklich die Augen und bekam plötzlich einen ganz kleinen, schmalen Mund. »Es ist doch wohl ein Unterschied, ob man damit Menschen oder Waren transportiert. Ich will Sie doch nicht ausfragen. Ich wünsche nur zu wissen ...«

»Machen Sie uns ein Angebot!« unterbricht ihn brüsk die Chefin. »Wir sind eine Großbäckerei und brauchen drei Fahrzeuge, um unsere Waren auszuliefern, reicht Ihnen das?«

Er führte die Frauen in sein Büro und versuchte, seine Arbeit zu machen. Er zeigte ihnen alles, deckte alle Zahlen auf, erklärte ihnen das gesamte Geschäft, druckte ihnen ein Angebot aus, während die Frauen mit versteinerten Mienen dasaßen.

»Was ist das für ein Posten?« fragte die Büromaus und stach mit einem langen, lackierten Fingernagel auf eine Zahl.

»Das sind die Überführungskosten«, gab der Verkäufer Auskunft.

»Was denn?« entfuhr es der Büromaus. »Holen Sie die Autos aus Indien!«

Hinterher, als die beiden mit dem Angebot das Autohaus verlassen hatten, kam der Verkäufer zu mir. »Mit Frauen komme ich nicht klar«, sagte er. »Du erzählst ihnen alles, was sie wissen müssen, und sie gucken dich an, als hättest du die Beulenpest. Haben Sie die große Dunkelhaarige gesehen? Als ich ihr die Endsumme sagte, blickte sie mich an, als wollte sie mir ins Gesicht schlagen.«

Trotzdem scheinen Frauen die grauen Eminenzen zu sein. Ehemänner sind eigentlich nur die Vorhut. Sie sondieren das Terrain. Sie sammeln Informationen und begründen ihre Zögerlichkeit damit, ihrer Frau die Wahl der Farbe zu überlassen. Sie könnten sofort den Vertrag unterschreiben. Aber die Frauen mit ihrem Farbenfimmel! »Sie kennen das ja«, sagen sie und zwinkern einem zu, »sie wissen ja, wie die Frauen sind.« Sie reden von ihren Frauen wie von kleinen Hunden, denen man ein Zipfelchen vom großen Ganzen reicht, in das sie sich munter verbeißen können.

Die Erfahrung sagt, wenn einer mit seiner Angetrauten das Autohaus betritt, wird es ernst. Und es stellt sich heraus, daß die Männer eigentlich die kleinen Hündchen sind. Die großen unter ihnen machen sich plötzlich kleiner und scharwenzeln um ihre Frauen herum. Er zeigt ihr das Auto, das er besitzen möchte. Und er hat ihr verschwiegen, daß es so groß ist. Die meisten Frauen haben nämlich eine Abneigung gegen große Autos. Männer nicht, die müssen sich darstellen, sehen sich bereits in einer solchen Kiste drängelnd auf der Autobahn fahren oder haben den Nachbarn in Gedanken vor sich, wie dem die Augen rausfallen. »Ist der Wagen nicht ein bißchen groß?« fragt sie und geht skeptisch um das Auto herum. »I wo«, sagt er klopfenden Herzens, »das täuscht. Das ist jetzt wegen der vielen Lichter hier. Guck mal, der Verkäufer findet auch, daß es nicht zu groß ist, stimmt's?« Er zwinkert dem Verkäufer zwar nicht zu, aber er sieht ihn beredt an, beredt und vielsagend. »Mach jetzt nicht schlapp« – so heißt dieser Blick unter Männern. Doch der gewitzte Verkäufer bleibt vorerst neutral. Was die Größe anbelangt, sicher, da kann er schon mal nicken. »So groß ist er in der Tat nicht. Sehen Sie mal, der da ist fast einen halben Meter länger.« Und er weist auf das größte Auto, das im Schauraum steht. Aber er hütet sich, sich ganz auf die Seite des Mannes zu schlagen. Frauen haben die Macht und die Hand auf dem Geld. Und bevor hier gar nichts verkauft wird, faßt er vorsichtshalber einen Wagen ins Auge, der eine Nummer kleiner ist, falls die Frau mit diesem hier gar nicht klar kommt.

»Was ist denn das für eine Farbe?« fragt die Frau. »Der sieht ja so dunkel aus, fast wie ein Leichenwagen.«

»Nein«, sagt der Mann belehrend, »das ist doch nur ein ähnliches Fahrzeug. Du kannst dir eine Farbe aussuchen, und der liebe Herr wird das Auto nach deinem Wunsch bestellen.« Sie gehen in eines der Büros. Der Verkäufer ist verspannt. Er sitzt praktisch im Kreuzfeuer und lechzt nach Informationen. Wen muß er bitteschön unterstützen, wen schnöde verraten? Dabei muß er aufpassen, es sich nicht mit beiden zu verderben.

Die Technik gestattet es, Wunschautos am Computer zu »bauen«. Und es stellt sich heraus, daß Frauen nicht nur die Farben »verwalten«.

»Wieviel PS?« fragt der Verkäufer leise. Denn er weiß um die Brisanz dieser Frage.

»Hundertfuffzig?« fragt der Mann nuschelnd zurück. Doch da geht die Frau dazwischen. »Wieviel hat unser Auto jetzt?« fragt sie und hat sich ganz aufgerichtet.

»Fünfundsiebzig?« fragt er, so als wüßte er es nicht ganz genau.

»Sag mal, du bist wohl übergeschnappt! Was gibt es dazwischen?« wendet sie sich an den Verkäufer.

»Hundertfünfzehn«, antwortet der Verkäufer. Und zum Mann hin sagt er: »Das ist ein Kraftpaket von ungewöhnlicher Art. Der Motor unterscheidet sich kaum von dem ...« Fast hätte er gesagt »stärkeren«, doch er verschluckt das Wort und spricht von dem »anderen«. Macht diesen auch gleich ein bißchen madig. Er sei nicht nur in der Anschaffung sehr teuer, sondern auch in der Steuer und der Versicherung. Er reißt förmlich die Brücke zu dem stärkeren Motor ein. Denn darüber wird diese Frau hier nicht gehen, das ist ihr anzumerken. Auch bei den Aluminiumfelgen greift sie ihre Handtasche fester und will wissen, was das eigentlich ist.

»Liebling«, sagt er und duckt sich servil, »das sind Räder mit Speichen. Das macht den Wagen leichtfüßig und sieht unheimlich gut aus.«

»Und ist das auch nützlich?« fragt sie den Verkäufer.

»Nützlich direkt nicht ...«, antwortet der zögernd und fängt sich einen strafenden Blick vom Mann ein. »Es macht den Wagen ein bißchen leichter. Gewiß, nicht sehr viel, aber immerhin ...«

»Was kostet der Spaß?« unterbricht sie die Stammelei.

Der Verkäufer nennt ihr den Preis. Die Frau prustet vor Empörung und hält sich erschrocken die Hand vor den Mund. »Bei euch setzt es wohl aus«, sagt sie. »Dafür kann ich mir ja eine neue Küche kaufen.«

Nun kommt der Bordcomputer an die Reihe. Und der Verkäufer sieht, daß der Mann bereits an den Fingernägeln knabbert. Der Bordcomputer ist so ziemlich das letzte, was man in einem Fahrzeug benötigt, sozusagen ein »Mäusekino«. Er ist auch nicht billig, und der Verkäufer beginnt zu schwitzen. Er weiß, wenn er dem Mann diese Spielerei nimmt, dann geht es hier nicht mehr um sein Auto. Dann hat er keine Lust mehr. Die Frau würde sowieso lieber den alten Wagen behalten. Also hebt der Verkäufer den Bordcomputer in den Himmel. Er erklärt die Funktionen ohne Stocken und mit inbrünstiger Überzeugung, als würde er vom Lenkrad oder von den vier Rädern sprechen. Der Mann nickt zustimmend bei jedem zweiten Wort, einmal zeigt er sogar bestätigend mit dem Finger auf den Verkäufer.

Doch die Frau runzelt die Stirn und ihre Augen sind klein und dunkel. »Wozu, in aller Welt, ist eine Außentemperaturmessung gut?« fragt sie den Verkäufer.

Und der pariert eiskalt und ohne Versprecher: »Weil da ein Frostwarner eingebaut ist. Wenn die Temperaturen draußen gegen den Gefrierpunkt gehen, piept es.«

Sie wirft sich zurück und schaut von einem zum anderen. Beide, der Verkäufer und der Mann, atmen jetzt nicht mehr, zumal die Frau guckt, als wolle sie sagen: ›Bei euch piept es auch.‹ Doch sie läßt sich überzeugen.

Der Mann unterschreibt den Vertrag. Das ist ihm geblieben und wird wohl noch eine Weile so sein. Der Vertrag ist auch auf seinen Namen ausgestellt. Und man kann sicher sein, daß er jedem erzählt, daß er seine Frau mit in das Autohaus genommen hat, damit sie die Farbe aussuchen kann – wie Frauen eben so sind, mit Farben und dem ganzen Schnickschnack – und, daß er das ganze dann abgesegnet hat. Mit seiner Unterschrift.

## UNTERER TOTPUNKT

Ich glaube, daß es windstill war, an jenem Tag. Es war an dem Freitag vor der Währungsumstellung. Ich hatte mich Wochen zuvor kleinlaut von meiner Schreibmaschine erhoben und mich sozusagen wieder an die Autos schmiegen wollen. Bloß waren keine mehr da. Der riesige Parkplatz vor der Kraftfahrzeughalle war im wahrsten Sinne des Wortes leergefegt. Wo sich jahrelang die Autos fast gestapelt hatten, sah man nur gespenstischen Beton und darüber einen ebenso leeren Himmel. Die Leute kamen aus den Hallen und lugten aus der Reparaturannahme heraus: Schlosser, Meister, Annahmedamen, Ingenieure - alle wollten dieses Vakuum sehen. Was sich mancher insgeheim immer gewünscht haben mochte - diese erdrückende Fülle von unerledigten Aufträgen war von Jahr zu Jahr größer geworden und hatte an den Nerven aller gezehrt - war nun wie nach einem Zauberspruch eingetreten. Ein gigantischer Motor war verstummt, Zweifel und Angst breiteten sich aus. Selbst die Witzbolde traten die Zigaretten aus und verdrückten sich.

Früher, wenn ich vom Frühstück kam, hatten sich gewöhnlich bis zu zwanzig Kunden von den Bänken erhoben und waren mir alle gleichzeitig mit ihren Anliegen entgegengetreten. Da hatten sich sofort meine Herzkranzgefäße gemeldet. Wir öffneten morgens um fünf und schlossen die Hallen um zweiundzwanzig Uhr. Halb fünf warteten bereits die ersten Kunden. Zuvor hatten sie vier Wochen auf einen Termin gewartet. Wenn sie nun endlich an der Reihe waren, mußte man ihnen offerieren, daß augenblicklich zwar die Kurbelwellen vorrätig wären, dafür aber die Kolben und Zylinder nicht. Sie warteten wieder vier Wochen, um schließlich zu erfahren, daß es nun zum Glück die Kolben und Zylinder gäbe, dafür aber keine Kurbelwellen.

Einmal bekam ein Kunde daraufhin einen Anfall. Als der Meister ihm diese Botschaft sanft übermittelte, riß der Mann das Kinn hoch und die Augen auf, fiel um und schlug hart am Boden auf. Dort lag er in Zuckungen, und Schaum trat ihm aus den Mundwinkeln hervor. Kunden kümmerten sich um den Mann. Ich kümmerte mich um meinen Kollegen. »Ich hab ... ich hab ihm doch nur gesagt, wie es ist! Ich kann doch nichts dafür! Ich stell' die Dinger doch nicht her! Ich finde es doch selber zum Kotzen! Meint er, ich stell' die Dinger her? Ich kann mir die Teile doch nicht aus den Rippen schneiden!«

»Das ist ein Epileptiker«, beruhigte ich meinem Mitarbeiter, nachdem ich ihn im Büro auf einen Stuhl gedrückt hatte. »Die brauchen manchmal nur einen Auslöser. Du kannst nichts dafür.«

Aber er kam nicht zur Ruhe. « Ich stell' die Dinger doch nicht her!« stammelte er in einem fort.

Wir waren drei oder vier Annahmemeister. Bei dieser Masse von Autobesitzern hatte sich im Laufe der Zeit jeder Kunde seinen speziellen Meister gesucht, durch den er sich aus der Anonymität herauslöste. Zu dem einen, einem großen blonden Sportsmann, der in seiner Freizeit Tennis spielte, kamen vorwiegend die Sportler: Fußballer, Taucher, Schwimmer, Ruderer. Ein Meister von uns hieß damals schon Ossi. In den siebziger Jahren hatte sich in der Ostsee eine Robbe verirrt, das war durch die Presse gegangen, und die Journalisten hatten das Tier Ossi getauft. Da dieser Meister ein bißchen wie eine Robbe aussah, er trug damals einen dichten Oberlippenbart, sollte er fortan Ossi heißen. Zu Ossi kamen die Bauern. Er selbst stammte aus einer ländlichen Gegend und hegte eine besondere Zuneigung zu diesen Leuten. Wenn in die Reparaturannahme ein Mann hereinstapfte, mit Gummijacke und rotem Gesicht, da riefen die Frauen schon im Chor: »Ossi, Kundschaft!« Meistens trug so einer eine Ente unter dem Arm oder barg eine Flasche Selbstgebrannten in der Jackentasche. Dann ließ Ossi alles stehen und liegen und ging auf den Mann zu, schüttelte ihm die Hand und fragte, wie es Tante Erna ginge oder was Onkel Hubert jetzt machen würde. Rücksichtslos drückte er das Auto eines solchen Seelenverwandten in das Tagesgeschäft, obwohl täglich bereits zwanzig Aufträge zuviel angenommen wurden.

Zu mir kamen die Künstler, Wissenschaftler und Schriftsteller. Einmal kam ein Mathematikprofessor während meiner Abwesenheit in unser Haus gestürmt und reklamierte eine Reparatur an den Bremsen seines Wagens. Er fiel Ossi in die Hände. Mit Wissenschaftlern hatte der nicht viel am Hut. »Kommen Sie mit!« befahl er. »Das gucken wir uns gleich an.« Der Professor war ein kleiner Mann und lief dem Meister nach. Sie stiegen in das Auto. Ossi stand ständig unter Druck. Auch wenn er Zeit hatte, war ihm immanent geworden, daß er keine habe: eine Folge des unausgesetzten Stresses. Er fuhr also wie ein Verrückter die Straße entlang und bremste. Der Professor krachte mit dem Kopf an die Windschutzscheibe, die Brille hing ihm herunter, baumelte mit einem Bügel am Ohr. »Der bremst doch!« rief Ossi aufgebracht. »Schauen Sie mal, mehr kann man doch von einer Bremse nicht verlangen!« Und er trat noch zweimal auf das Pedal, der Professor hielt sich bereits ein Taschentuch vor die Nase. Sie blutete.

Er berichtete mir später davon, beschrieb mir den Meister und fragte kindlich entsetzt: »Was war das für ein Mann?«

»Das war Ossi!« antwortete ich.

Einmal hatte ein Kraftfahrer seinen Wagen abgestellt, um lediglich ein Ersatzteil zu kaufen. Als er wiederkam, war sein Auto verschwunden. Wir suchten in jedem Winkel. Schließlich stellte sich heraus, daß der Wagen bereits in Arbeit war, der Motor war zerlegt, Kolben, Kurbelwelle, Zylinder lagen fein säuberlich auf der Werkbank. Ein Autoschlosser war in der Hektik einem Zahlendreher des Kennzeichens erlegen gewesen, und der Kraftfahrer bekam mit aller Anschaulichkeit demonstriert, was bei uns Geschwindigkeit bedeuten konnte.

Ein anderes Mal klopfte um zweiundzwanzig Uhr noch ein Kunde an die Tür. Der Tag war wie alle anderen Tage gewesen: katastrophal nervenaufreibend. Ich öffnete dennoch und fragte leicht gereizt, was es denn noch gäbe. Der Mann war zierlich, um die Vierzig und trug einen seltsamen, langen Lodenmantel. Er hatte ein feines Gesicht und große, von Arbeit gezeichnete Hände. Ein Widerspruch, der meine Neugierde erweckte.

Ihm sei ein kleines Malheur passiert, sagte er gewählt, er habe eine Karambolage gehabt, und ein bißchen wäre wohl was eingedrückt worden.

»Okay«, sagte ich entschlossen, »da werfen wir mal einen Blick drauf.« Wir gingen auf die Straße, da stand eine längliche flache Kiste auf Rädern. »Wo ist denn das Auto?« fragte ich, und der Mann bedeutete mir, daß ich davorstehen würde. Ich prallte zurück. Ich hatte angenommen, das sei ein Anhänger oder so etwas. Nun sah ich, daß die Fahrkabine flach zusammengedrückt war und die Säulen an den Seiten hervorstarrten. Das war kein Auto, das war ein flaches Brot.

»Wie sind Sie denn da rausgekommen?« fragte ich benommen. ›Oder wie bist du damit hierhergefahren?‹ fragte ich im stillen.

»Weiß' auch nicht«, antwortete der Mann und kicherte. »Keine Ahnung. Können Sie mir helfen?«

»Was kann ich?« rief ich. Auf Karosserien gäbe es eine Wartezeit von drei Jahren. In drei Jahren, ja, da könne ich ihm gewiß helfen, das sei ziemlich sicher.

Da verstummte der Kichernde und sagte spitz: »Dann stelle ich einen Ausreiseantrag.«

»Bitteschön«, erwiderte ich gereizt. Der Tag war unheimlich lang gewesen und der Ärger nahm kein Ende. »Bitteschön, tun Sie das. Aber nicht bei mir.« Ich sagte es dermaßen fest, daß er wie ein kleiner Junge den Kopf senkte. Ich fürchtete, daß ihm die Tränen kamen. Deshalb legte ich ihm die Hand auf die Schulter und riet ihm, sich auszuschlafen. Morgen sei auch noch ein Tag. Vielleicht ließe sich doch etwas machen.

Und wir machten etwas. Aber erst, nachdem ich meinem Vorgesetzten die Sache mit dem Ausreiseantrag überbrachte. Offensichtlich hatte er Instruktionen, solche Aufbegehrenden ruhigzustellen, denn nun sollte es plötzlich nicht mehr Jahre, sondern nur noch Wochen dauern, bis für diesen Mann eine Karosserie zur Verfügung stand. Irgendwie ging alles, besonders wenn man die richtigen »Hebel« betätigte.

Doch heute war Freitag, der Tag vor der Währungsumstellung. Es war windstill, auto- und menschenleer. Der Ärger zurückliegender Jahre war wie weggefegt. Neue, andersgeartete Probleme schienen sich am Horizont aufzutun.

Ich wollte also wieder mitmachen. Wobei, war mir auch nicht unbedingt klar. Dagegen um so mehr, daß ich jetzt, wo es im Lande brause, nicht im Kämmerchen sitzen konnte um Texte zu verfassen. Es schien mir zwar ein Schritt nach hinten zu sein, aber die Zeit litt wohl keine Experimente. Deshalb suchte ich meinen alten Chef auf. Er war ein Ingenieur Mitte Dreißig, der das Zeug dazu gehabt hätte, einmal den gesamten Betrieb zu leiten. Ich bat ihn, mich wieder aufzunehmen.

Erst sah er keine Möglichkeit. Dann fiel ihm etwas ein. Es sei nur noch eine Frage von Wochen, dann würde sich diese Feldschmiede hier in ein feines Autohaus verwandeln. Wir würden fortan mit Automobilen handeln, wie es überall in Europa üblich sei. Ob ich Lust dazu hätte, in den Autoverkauf einzusteigen. Wenn ja, dann sollte ich mich bereithalten.

# SICHTACHSEN

Das neue Autohaus ist von fünf Stadtteilen umgeben, in denen mehr als fünfzigtausend Menschen leben. Es ist sehr gläsern und dicht von neuen Autos und Gebrauchtwagen umstellt. Fahnen flattern im Wind und künden weithin von der Marke, die hier verkauft wird. Im Innern, dem Verkaufsraum, herrscht eine gewisse Feierlichkeit, so eine Art »Computerstille«. Das mag am Klicken der Tastaturen liegen, die von dem Personal bedient werden, aber auch an den teuren Fahrzeugen, die wie Raubtiere vor dem Sprung wirken. Sie sind versetzt angeordnet, die Karosserielinien bilden oft den Abschluß einer Sichtachse, die sich dem Eintretenden darstellt – nicht mal das Schauen ist dem Zufall überlassen worden. Wie der Schauende gegenüber dieser Technik auch eingestellt sein mag, Gleichgültigkeit kommt hier selten auf. Wer durch Zufall ein solches Haus betritt und von der Gesinnung her – aus ökologischem Geiste heraus oder weil der Geldbeutel mehr als schmal ist – ein Gegner derartiger technischen Kraftprotzerei ist, wird hier von starken Gefühlen beherrscht. Von Gefühlen der entschiedenen Abwehr, bis hin zur lähmenden Ängstlichkeit, wenn es sich um sensible Personen handelt, die sich bereits dann bedroht fühlen, wenn sie sich von Autos umstellt sehen. Ganz zu schweigen von den Anbetern dieser Technik. Man muß nur einmal gesehen haben, was sich auf Gesichtern abspielt, wenn der Verkäufer die Motorhaube eines solchen Gefährts hochschnellen läßt und mit routiniertem Gleichmut in der Stimme erklärt, dieser Motor da sei ein kleines Kraftwerk und bringe gut und gerne 315 PS auf den Asphalt. Es gibt Männer, die sofort zu schlucken beginnen oder nach der Zigarette tasten. Einige kratzen sich den Kopf, andere lachen. Offensichtlich spielen ihnen die Nerven einen Streich. Selbst Frauen, die vorgeben, nichts von Technik zu verstehen, ahnen das Ungebührliche, Verwerfliche aber auch Geheimnisvolle in dieser scheinbar sinnlos komprimierten Kraft. Sie legen den Kopf zur Seite und die schmale Hand sachte auf die Motorverkleidung. Eigentlich ist ja nichts zu sehen: ein bißchen Verkleidung, wenige, gestanzte Symbole, Hieroglyphen für den Laien, aufschlußreiche Sprache für den Kundigen.

Kaum ein Käufer ist wie der andere, und doch lassen sie sich in Gruppen einteilen. Da gibt es den Übergenauen. Er macht sich bereits Notizen, wenn man ihm einen »Guten Morgen« wünscht. Er will alle Wechselfälle des Lebens erfassen, indem er sich alles, was der Verkäufer ihm erzählt, mitstenographiert. Wahrscheinlich war er bereits in zwanzig Autohäusern und hat ähnlich verbissen in sein Heftchen gekritzelt, wie er es hier tut. Gegen Technik hat er nichts, im Gegenteil. Er steht nur unter dem Druck, alles begreifen zu wollen. Das kann für den Verkäufer zur Tortur werden. Seine Arbeit ist oft eher künstlerischer Natur. Er muß Informationen verdichten, um sie wie in einem kleinen Schauspiel darstellerisch begreifbar zu machen. Was ihm nicht ganz geläufig ist, übergeht er gekonnt. Es flattern ihm jeden Tag Informationen auf den Tisch, oft widersprüchliche. Täglich muß er sich daraus seine Texte erarbeiten, sozusagen für seine Auftritte üben, bei einem Minimum an Zeit. Das klappt normalerweise auch recht gut. Der talentierte Verkäufer ist ein geschmeidiger Rhetoriker - bis er auf einen Übergenauen trifft. Dieser sagt dann: »Moment mal! Vorhin haben Sie mir etwas ganz anderes erzählt.»

»Vorhin?« Der Verkäufer ist aus dem Konzept und weiß gar nicht mehr, was der Mann unter »vorhin« versteht. Aber sein Gegenüber pocht mit dem Kugelschreiber auf sein Heftchen. Da steht alles. Nicht, daß er glaubt, der Verkäufer belüge ihn. Er will nur wissen, ob es sich hierbei um einen Irrtum seinerseits handelt, ob der Verkäufer einem Irrtum erlegen ist oder ob sich da, was sehr verwirrend und schmerzhaft für den Mann wäre, ein weiteres Türchen der Unabwägbarkeit in Räume auftut, die er womöglich gezwungen wäre, zusätzlich mühsam zu erforschen.

Hat man das Glück, an einen normalen Übergenauen geraten zu sein, kommt der Tag, an dem dieser sein Büchlein zumacht und das Auto bestellt, das er sich in vielen Sitzungen erarbeitet hat. Dann kann alles recht schnell gehen, er schaut kaum noch hin, was er da unterschreibt. Er hat sich ein Bild gemacht, begreift alles, wirft sich aufatmend zurück und ist im Geiste schon bei anderen Unabwägbarkeiten, die weit außerhalb dieser Autowelt liegen.

Schwieriger wird es mit dem psychisch labilen Übergenauen. Der Verkäufer, der in seine Fänge gerät – diese Menschen greifen sich einen Verkäufer und lassen ihn nicht mehr los – der ist bald selbst reif für die Nervenklinik. Solch einen Verkäufer trifft es jedesmal wie ein Schlag, wenn sein Kollege sagt: »Da kommt dein Kumpel zur Tür rein.« Es können Jahre vergehen, bis der Kauf mit solchen Leuten über die Bühne geht. Manchmal kaufen sie auch gar nicht. Mitunter lassen sie sich monatelang nicht blicken. Der Verkäufer hat sie schon ganz vergessen, vermutet, daß sie gestorben oder im Irrenhaus gelandet sind. Doch dann, eines Tages, heißt es wieder: »Da, dein Kumpel kommt!« Und sie schreiten immer mit eiligen Schritten auf ihren Lieblingsverkäufer zu und sagen: »Ich störe doch hoffentlich nicht?«

»I wo«, sagt der Verkäufer, »ich habe Zeit ...« Und im stillen denkt er: »O nein, nicht schon wieder dieses Arschloch!«

Einmal bestellte ein Vertreter dieser Gattung nach zweieinhalb Jahren ein Auto bei »seinem«

Verkäufer. Damit fuhr er drei Jahre, um eines Tages wieder im Autohaus zu erscheinen. Woche für Woche saß er für Stunden vor dem Verkäufer, stellte Fragen und kritzelte endlos Zeichen in sein Büchlein. Da versagten seinem Gegenüber die Nerven. Er warf sich in seinem Stuhl zurück und sagte: »Die Parkuhr ist abgelaufen.«

»Welche Parkuhr?« fragte der psychisch labile Übergenaue und hielt mit dem Kritzeln inne. Er hatte sich das mit der Parkuhr bereits mitgeschrieben.

»Meine. Stecken Sie oben Geld rein, sprich: Unterschreiben Sie diesen Vertrag hier. Dann höre ich Ihnen noch ein paar Wochen zu.«

Der Mann stand verwirrt und wortlos auf, besah sich den übergeschnappten Verkäufer und suchte das Weite. Solche Leute sind sehr sensibel.

Das Gegenteil von solchen Übergenauen, scheinen die wild Entschlossenen zu sein. Obwohl ihre jähe Wildheit eigentlich Unüberlegtheit aus Angst ist, denn auch sie schrecken vor solch großen Anschaffungen zurück. Aber die Familie liegt ihnen in den Ohren, alle Welt sagt ihnen: es muß ein neues Auto her! Sie springen auf, rauchen eine Zigarette nach der anderen. Die Vielfalt der Möglichkeiten ist auch ihnen zu groß. Aber sie meinen, daß plötzliche Entscheidungen etwas mit Charakterstärke zu tun haben. Wenn sie sich einen Film anschauen, in dem irgendein General eine plötzliche, unumkehrbare Entscheidung trifft, etwa die Hand hebt und rufend befiehlt: »Rottet diese Barbaren aus!« –

dann springen sie aus dem Sessel hoch, in der Meinung, dieser knappe Befehl könnte von ihnen stammen. Vorausgesetzt, es handelt sich um wirkliche Barbaren, die zu Recht gestraft werden. Da sie von Natur aus eigentlich sanft sind, sich aber permanent in diese männlichen Schablonen pressen, huldigen sie starken Männlichkeitsritualen. Sie vergewaltigen ihre Natur.

Die kürzeste Variante ist diese hier: ein wild Entschlossener betritt das Autohaus, guckt sich wie gehetzt um. Er hat zwei Kinder, also braucht er ein Auto mit vier Türen. Der Motor muß stark sein, der Kofferraum groß. Ein rotes Auto kommt nicht in Frage, ein grünes hat er bereits. Also bleibt er vor einem blauen Auto stehen.

»Wieviel PS?« fragt er den Verkäufer.

»150«, sagt der schläfrig.

»Wie groß ist der Kofferraum?«

Der Verkäufer sagt es ihm.

»Den nehme ich«, ruft der wild Entschlossene und knallt ein Bündel Geld auf die Motorhaube.

Später erzählen solche Leute überall herum, wie sie das gemacht haben: nicht lange gefackelt, die Scheine hingehauen und fertig.

»Aber du hättest doch wenigstens eins mit Schiebedach kaufen können«, wagt die Frau vorsichtig einzuwerfen.

»Schiebedach, Schiebedach«, äfft der wild Entschlossene ihr nach. »Wozu brauchen wir ein Schiebedach? Da knallt dir nur die Sonne auf den Kopf, und es rauscht beim Fahren.« Innerlich aber grämt er sich deswegen noch ein Weilchen. Aber nun ist es zu spät, aus, fertig!

Der rationale Autokäufer ist meist ein Kopfarbeiter. Er will gar nicht erst groß um die Autos herumlaufen und dirigiert den Verkäufer gleich in dessen Büro. Er bestellt sich sein Auto mittels des Computers. Solch ein Auto, wie er es haben möchte, das steht nirgends herum. Er will die Autos auch nicht beriechen, anfassen oder sich gar berauschen. Er will, daß der Autoverkäufer ihm zuhört. Sein Fahrzeug soll mäßig motorisiert sein und nur den technischen Aufwand vorweisen, der nötig ist, um sicher von A nach B zu fahren. Wehe, man kommt ihm mit Aluminium-Felgen oder gar Wurzelholzverkleidung. Dann reißen die Rationalen ihre Brillen herunter, reiben sich die Augen und sagen: »Junger Mann, Sie sollten zuhören. Ich erwähne es noch einmal: ein weißes Auto ohne Schnickschnack, vier Räder, ein Lenkrad, fertig.«

Würde es nur die Rationalen geben, wäre die Autoindustrie längst am Boden.

Damit sie floriert, hat der liebe Gott die Prahlhänse geschaffen. Sie gibt es in allen Ausführungen und bei jedem Bildungsstand. Ein solcher ist beispielsweise ein junger Unternehmer, der ein Sanitär- und Heizungsgeschäft besitzt, das ein, zwei Jahre vor sich hin dümpelte und nun plötzlich Gewinn abwirft. Er hat sich einen ganzen Vormittag freigehalten und marschiert nun ins Autohaus, geradewegs auf einen Autoverkäufer zu, um sofort zur Sache zu kommen. Er fängt gleich ganz oben bei der »Speisekarte« an und dem Verkäufer bleibt die Luft weg. Solch ein Auto wird hier nicht jeden Tag in Bestellung gegeben. Sitzt der Mann mit dem Verkäufer im Büro, will er alles haben: Kaffee, Kekse, einen Aschenbecher. Er ist meist hellblond und hat flinke Äuglein. Er wirft sich zurück, guckt sich im Autohaus um und meint: »Donnerwetter, was habt Ihr denn hier für Weiber rumlaufen! Das ist ja die reinste Augenweide.«

»Wieviel PS soll Ihr Fahrzeug haben?« fragt der Verkäufer, um dem Geplänkel eine Richtung zu geben. »Hundertfuffzig?«

»Was soll ich denn mit so einer Schlaftablette? Mach' mal noch ein paar Portionen rauf!«

Der Verkäufer tut das, wählt im Computerprogramm die entsprechende Kategorie: hundertvierundneunzig PS!

»Jo, damit kann ich leben«, ist die Antwort. Der Verkäufer geht, vorerst noch zaghaft, die gesamte Ausstattung durch.

»Ledersitze?« fragt er.

»Jo!«

»Lack?«

»In schwarz, bitteschön!«

»Bordcomputer?«

»Aber hallo!«

»Radio?«

»Mit CD-Wechsler und fünfzig Lautsprechern!«

»Reichen auch zwölf, mehr hat dieses Radio nicht.«

»Das ist gerade die Grenze!«

Die beiden stellen ein wahrhaftiges Raumschiff zusammen, im Aschenbecher türmen sich die Zigarettenkippen, und das Handy des Mannes ertönt. »Nein«, sagt er, »geht jetzt nicht. Ich sitze gerade in einer Besprechung. - Nein, nimm den anderen. - Herr Gott, ja, aber nicht soviel! - Weiß ich nicht, werde ich nachher sehen.« Er verstaut das Gerät und sagt leise: »Arschloch!« Laut sagt er: »Hast' nicht mal ein schönes Bild von dem Schlitten?«

Der Verkäufer springt auf und holt einen Prospekt. Der Prahlhans schlägt ihn auf. Da sieht er das Hochglanzfoto von einem Monster aus Lack und Leder. Er stellt sich vor, wie er damit bei seinen Eltern vorfährt. Insbesondere seinen Vater stellt er sich vor, der ihm die Kindheit und Jugend über gepredigt hat, er sei zu doof, einen Eimer Wasser umzustoßen.

Der Verkäufer indes rechnet an einer Leasingrate herum. Endlich ist er fertig und nennt sie.

»Was denn!« der Mann erhebt sich. »Im Jahr?«

»Im Monat«, verbessert der Verkäufer.

Der Prahlhans ist resigniert. »Dann mach' mal den anderen.«

»Die Schlaftablette?«

»Meinetwegen.«

So geht das jeden Tag und ohne Unterlaß. Millionen Autos werden in Deutschland jährlich zugelassen.

## KLAVIERKONZERT NR. 21

Es war im Januar. Nachts hatte es geregnet, und am Morgen muß es wohl so eine Art Kälteblitz gegeben haben. Die Welt glitzerte, besonders die Straßen. Oder besser: sie funkelte. Ein tückisches Funkeln. Als wenn sich etwas Gefährliches als gauklerisch schön darstellt. Ich wohne auf einem Dorf und muß sieben Kilometer Landstraße fahren, ehe ich die Bundesstraße erreiche. Gewöhnlich genieße ich diese Fahrt zur Arbeit. Ich höre die ersten Nachrichten und schiebe später eine Musikkassette in den Schacht. An jenem Morgen sagten sie im Verkehrsfunk, daß es bereits hunderte von Unfällen im Lande gegeben hätte, mit Toten und Schwerverletzten. So etwas scheint ja immer sehr weit weg zu sein und niemals für einen selbst zuzutreffen.

Diesen Morgen fuhr ich ein teures Auto. Der Vorführwagen besaß permanenten Allradantrieb, elektronisch gesteuert, einen Seitenaufprallschutz, Doppelairbag und Gurtstraffer – besser aufgehoben konnte ich kaum sein. Außerdem liebe ich Ausnahmezustände. Der Schnee kann meterhoch sein und die Temperaturen im Keller: ich genieße das. Ich fuhr also auf der Landstraße, und das einzige, worauf ich achtete, war, daß ich beim Fahren den Kraftschluß nicht unterbrach: nicht ruckartig Gas gab oder gar scharf bremste. Ansonsten hörte ich Mozart vom Band und genoß die aufsteigende Heizungswärme in dieser kleinen Kabine, in der das Licht der Armaturen einen rötlichen, geheimnisvollen Schein verbreitete.

Auf der Bundesstraße staute sich bereits der Verkehr aus der Gegenrichtung, und auf meiner Fahrbahnseite ging es nur zögerlich voran, bis sich endlich das Fahrtempo ein wenig erhöhte. Irgendwie kam ich auf den närrischen Gedanken, nun, da das Fahrzeug vor mir an Abstand gewonnen hatte, doch einmal die wirkliche Beschaffenheit der Straße auszuprobieren, so als hielte ich Vorsicht für allzu menschliche Übertreibung. Gleichzeitig lockte es mich, auszuprobieren, wie die Technik reagiert. Ich trat also kurz auf die Bremse.

Der Wagen begann, sich sofort zu drehen. Zuerst um die eigene Achse, dann schoß er auf die Straßenbäume zu. Die Begrenzungspfähle wurden dabei einfach wegrasiert. In der Erinnerung habe ich ein eigenartiges Bild gespeichert: die leichten Plastikpfähle steigen wie in Zeitlupe auf, um dann in einem ebensolchen Tempo auf die Motorhaube herabzuregnen. Alles untermalt vom »Klavierkonzert Nr. 21«, so laut, daß ich noch während des Schlingerns nach dem Radioknopf tastete, um dieses unangebrachte Spektakel zu unterbinden, was vergeblich war. Die Hände gingen wie von allein an das Lenkrad zurück, als könnten sie dort zu etwas nütze sein, wo die Räder doch längst so eine Art eigenen Willen besaßen. Ungerührt fädelten sich die Klaviertöne auf eine mir endlos scheinende, unsichtbare Schnur auf. Eine löbliche, aber mehr als unpassende Ordnung in diesem Chaos. Die Musik wirkte auf mich so sakral, daß ich ernstlich annahm, es sei meine Abschiedsmelodie. Noch bangte ich um das schöne Auto, da stellte sich bereits die Todesangst ein. Ich formulierte das wohl im stillen: ›Sollte es das gewesen sein? Ist das der Ort und die Stunde, wo alles für dich aufhört? Kommt der Tod also morgens um acht während eines Klavierkonzertes?‹ Ich stand fast im Auto und bremste unwillkürlich. Vielleicht hoffte ich, der Grasboden am Straßenrand sei weicher, das Antiblockiersystem käme zum Einsatz, die Räder würden sich durch die Grasnarben durchfressen und im Boden greifen. Genauso kam es. Kurz vor einem Baum kam ich zum Halten. Die Welt kreiste immer noch um mich. Ich hatte, während der Wagen sich drehte, in aufgerissene Augen hinter Autoglasscheiben schauen können, hatte Männer mit Hüten gesehen, Männer mit Zigaretten in den Mundwinkeln und auch jene Frau, welche die Hände hob, weil sie annahm, ich würde ihren Wagen rammen. Doch nun stand ich. Und dann ordnete ich mich erneut in den Verkehr ein. Wenig später hatte ich die Sache schon verarbeitet. Der Wagen hatte nicht einmal einen Kratzer abbekommen.

Die Sache war gut ausgegangen, meine Knochen heil geblieben. Ich versuchte zu vergessen, an welchen dünnen Fäden unser kümmerliches Leben eigentlich hängt, wie abrupt die Kälte in unsere kleinen, klimatisierten Räume eindringen kann.

In all meinen Dienstjahren habe ich Unfallwagen zu hunderten gesehen. Zertrümmerte Autos, die von Schleppfahrzeugen auf unser Gelände gefahren wurden. Sofort bildeten sich Gruppen. Die Leute rauchten und fragten die Männer vom Hilfsdienst aus: wo ist es passiert, wie, Tote, Verletzte? Besonders wenn es Tote gegeben hatte, was man vielleicht schon den Nachrichten entnahm, wurde solch ein Gefährt mit, ja wie soll man es nennen, mit einer zurückweichenden Neugier betrachtet.

Einmal luden sie die Reste eines Kleinwagens in unserer Halle ab. Ich war jung und hatte mir über den Tod bis dahin wenig Gedanken gemacht. Doch dann stand dieser Trümmerhaufen vor mir, von dem es hieß, daß er Tage zuvor, als er noch ein richtiges, intaktes Auto war, mit vier Männern an Bord frontal gegen einen hochbeinigen Millitärlastwagen gerast war. Der Kleinwagen hatte sich unter den Kühler des Giganten gebohrt, war sozusagen gegen dessen Vorderachse geprallt und von der Stoßstange zusammengequetscht worden. Der Meister wies mich und einen anderen Lehrling lakonisch an, das »Auto« in seine Bestandteile zu zerlegen. Früher wurde alles, aber auch alles wieder zum Laufen gebracht, die Teile gesichtet, gesäubert, repariert und an eine neue Karosserie geschraubt.

Doch bevor wir uns an die Arbeit machten, besahen wir uns mit Grausen diese Todesschaukel. Uns war, als geisterten die Verstorbenen noch in diesem Chaos herum. Es ist ja nie das Ganze, es sind ja immer die Kleinigkeiten, die die Phantasie anheizen. Zuvor war der Innenraum mit einem Wasserschlauch ausgespritzt worden. Trotzdem waren hier und da noch Blutspuren an den Sitzpolstern. Mein Kollege wollte sogar ein wenig Gehirnmasse entdeckt haben. Er wies mit einem Schraubenzieher auf kleine Klumpen, so als traute er sich nicht, seinen ungeschützten Finger zum Zeigen zu benutzen. Es konnte genausogut Karosseriekleber sein. Aber nein, das mit der Gehirnmasse setzte sich bei uns fest. Ich entdeckte die Glieder eines flexiblen, metallenen Uhrarmbands und wich entsetzt zurück. Es war, als würden all diese Winzigkeiten Töne in uns erzeugen: Splittern, Krachen, das Kreischen von Metall, das Stöhnen und Schreien der Sterbenden. Seltsam beeindruckend sind auch die Grasbüschel und die Erdklumpen, die in den Ritzen klemmen und an den Kotflügeln haften. Sie zeugen von der ungeheuren Dynamik, mit der Blech, Stahl und Plastik die Erde aufgerissen hatten.

»Scheiße!« sagte mein Kollege.

Und ich flüsterte: »Vier Tote – das muß man sich mal vorstellen! In dieser kleinen Buchte!«

»Braucht ihr eine Extraeinladung?« rief mahnend der Meister. »Die Karre muß Freitag fertig sein!«

»Für wen?« fragte mein Kollege leise.

Wir machten uns an die Arbeit, bockten das Ding auf, bogen mit Brechstangen die Achsen frei, um sie ausbauen zu können. Natürlich roch es. Nach Tod und Verwesung. Selbst die Schrauben rochen danach. Die Vorderachse hatte sich verklemmt. Wir rissen daran, sie gab nach, und eine rote Flüssigkeit ergoß sich über unsere Arbeitshosen. »Scheiße!« schrie mein Kollege. »Blut, alles voller Blut!«

Der Meister eilte herbei. »Das ist doch kein Blut, ihr Nappsülzen! Die haben das Fahrzeug mit Wasser ausgespritzt. Das hat sich vielleicht durch ein bißchen Blut rötlich gefärbt. Blut gerinnt doch. Habt euch nicht so!«

Wir haßten diese alten unsensiblen Kerle. Aber wer wollte sich in dieser Arbeitswelt die Blöße geben? Manchmal hielten wir beim Schrauben den Atem an und schlossen die Augen. »Da!« rief ich. »Da liegt ein Finger!«

Mein Kollege berührte das Stück mit seinem Schraubenzieher. Es war ein Stückchen Gummi, das sich von irgendwo gelöst hatte.

So schnell und elegant ein Auto sich auch bewegen mag, der Tod kommt ebenso flink gleitend daher.

Vor einiger Zeit unterhielt ich mich mit einer Kundin über Autounfälle. Ich meinte, daß ich da so eine Theorie hätte, die, wie die meisten meiner Theorien, nicht beweisbar sei, aber irgendwie würde ich daran glauben. Wenn ein Ast von einem Baum fällt und einen Menschen trifft, gebe es zwei Möglichkeiten, dieses Geschehen zu interpretieren. Die eine besage, daß der Baum die Ursache sei. Er wäre alt und krank, und ein Lufthauch könne ihm bereits die toten Äste knicken. Nach der anderen Auslegung liege die Schuld beim Erschlagenen oder Verletzten selber. Er habe diesen Ort passiert. Genau in der Sekunde, als das trockene Holz nachgab. Kurz gesagt: der Glückliche, Zufriedene, Gesunde geht aufrecht und stark durch die Welt und wird von einem Magnetismus geleitet, den wir den Siebenten Sinn nennen.

Daran glaube sie nicht, meinte die Frau. Daß, wenn man glücklich und zufrieden ist, einem nichts passieren könne. Sie erzählte mir folgende Begebenheit: An einem wunderschönen Vormittag war sie auf der Autobahn unterwegs. Sie hatte gut geschlafen, gefrühstückt, der Motor lief und lief, schnurrte sozusagen. Sie fühlte sich besonders gut, weil sie zu ihrer Schwester fuhr, die sie lange nicht gesehen hatte. Es war diese vibrierende Vorfreude auf etwas Schönes. Sie atmete freier und spürte die Füße in den Schuhen. Weit vor ihr fuhr ein Lastzug. Von dem löste sich etwas und flog durch die Luft. Es war klein, und sie dachte, es sei ein Blatt, das da schwebend auf sie zukam. Das Blatt wurde größer. Und sie dachte, mein Gott, da fliegt eine Tür durch die Luft. Die Tür verwandelte sich in eine rostige Eisenplatte. Die setzte förmlich zur Landung an, hielt Kurs auf sie und ihren Wagen. Sie saß da und staunte, ohne sich zu ducken, und die Eisenplatte fuhr kreischend unter ihren Wagen, zerschnitt die vorderen Reifen, und sie fuhr mit scheppernder Vorderachse über dieses Blech hinweg und trudelte wild am Lenkrad drehend in den Straßengraben. »Sehen Sie – diese Narbe hier.« Sie tat das Haar beiseite und zeigte mir ihre Stirn. »Damals gab es noch keine Airbags. Das Blech hätte mir den Kopf abtrennen können. Ich war hellwach, glücklich und gesund. Ich bleibe heute noch stehen, wenn ein Blatt vom Baum fällt.«

Bei einem Freund von mir kam der Tod von hinten und aus der Dunkelheit. Monate zuvor hatte ich ihn nach langer Zeit in unserem Autohaus wiedergesehen. Jemand war ihm in sein Auto gefahren, übrigens von hinten. Er kam zu uns, weil wir den Schaden beheben sollten. Er sagte, daß er jetzt öfter in den Rückspiegel schaute, weil er Angst hätte, hinter ihm könnte sich etwas tun, worauf er keinen Einfluß haben würde. Wir kamen von den Autos auf das Leben zu sprechen. Was meine Passion mache. Ich sagte, ich hätte mich nach der Wende für die Sicherheit entschieden. Wie solle man denn jetzt vom Schreiben leben, wo es doch vorher schon schwer gewesen wäre. Es stellte sich heraus, daß er mutiger, vielleicht sogar besessener war. Er hatte seinen Arztberuf an den Nagel gehängt, um sich den Büchern widmen zu können. Er hatte einen Verlag gegründet und beschrieb mir die Schwierigkeiten, die er so nach und nach gemeistert hatte. Das beeindruckte mich. Wie mich jede Art von Besessenheit beeindruckt. Solche

Menschen verströmen Kraft, so daß einem gleich selber Ideen kommen. Mein Freund war schlank, graumeliert und nicht besonders groß. Manchmal erhob er sich ein bißchen von seinem Sessel, kam dicht über meinen Schreibtisch zu mir heran, um etwas mit Nachdruck zu beschreiben. Er sagte, daß ihm alte Verlagsleute abgeraten hätten. Daß es für einen Laien schier unmöglich wäre, auf diesem harten Markt verlegerisch erfolgreich zu sein. Sie hätten die Erfahrung, aber er? »Weißt du, was ich ihnen darauf geantwortet habe?« fragte mein Freund, der schreibende Arzt. »Daß ich jünger bin, habe ich gesagt, und daß ich länger leben werde!« Dabei zwinkerte er mir zu. Und ich weiß noch, wie wir beide lächelten. Mir sind Menschen, die unentwegt Bedenken äußern, ebenfalls ein Greuel.

Schließlich kaufte er bei mir ein Auto. Es war ein Kombi. Er mußte Bücher und Akten durch die Gegend fahren und brauchte demzufolge Platz. Und er fragte nach der Sicherheit. Ich antwortete: Doppelairbag, Seitenaufprallschutz, ABS – was willst du mehr?«

Ich fuhr wie immer morgens zur Arbeit. Ausgeschlafen, glatt rasiert und ein frisches Hemd auf dem Körper. In den lokalen Nachrichten hörte ich von einem großen Verkehrsunfall auf der hiesigen Autobahn. Ein Tanklastzug sei darin verwickelt gewesen, es habe Tote und Schwerverletzte gegeben, sogar die Böschungen hätten gebrannt. Großer Gott, dachte ich, was nicht alles passiert, während man friedlich im Bett liegt. Die Welt brennt, und man selbst rollt sich auf die andere Seite.

Was ich da noch nicht wissen konnte: in jener Nacht ist mein Freund, der schreibende Arzt und Verleger gestorben. Er hatte an einem Stauende in seinem Wagen gesessen. Vielleicht hörte er Musik, vielleicht sogar Mozart. Vielleicht schaute er auf die Uhr und rechnete sich aus, wann er zu Hause ankommen würde. Da kam der Tod von hinten. In Form eines tonnenschweren Lastwagens. Vielleicht war der Kraftfahrer am Lenkrad eingeschlafen, oder die Bremsen versagten.

Später habe ich die Trümmer seines Wagens auf Fotos gesehen. Und es hat Wochen gedauert, bis ich wieder normal Auto fahren konnte. Ich zuckte bereits zusammen, wenn der Wind einen Zeitungsfetzen über die Straße blies. Wenn das so ist, dachte ich, daß der liebe Gott wahllos Eisenplatten vom Himmel wirft, dann braucht man sich wirklich keine Gedanken zu machen. Dann kommt es, wie es kommt.

# FÜNFUNDZWANZIG BLAUE TRANSPORTER

Eines Tages erreichte mich ein Anruf in meinem Büro. Am anderen Ende der Leitung war ein Mann mit ausländischem Dialekt zu hören. Wahrscheinlich ein Russe oder ein Pole. Er fuhr mich gleich an: »Was ist los in eurem Schuppen? Wollt ihr keine Geschäfte machen. Pennt ihr da alle? Ich habe das Telefon geschlagene zehn Minuten klingeln lassen – kein Aas geht da ran!«

Das könne nur ein Versehen sein, erwiderte ich. Oder die Telefonanlage sei defekt. Ich jedenfalls habe nichts klingeln gehört.

»Also hör zu, du Versehen! Ich habe vor, ein paar Transporter zu kaufen und brauche dafür ein ordentliches Angebot.«

»Gut«, sagte ich, »geben Sie mir die Ausstattung durch, und ich faxe Ihnen das Angebot.«

»Nee, Junge, so läuft das nicht. Ich will fünfundzwanzig blaue Transporter kaufen, da muß ich dem Verkäufer schon mal in die Augen gucken. Ich sage dir jetzt die Adresse meines Büros und erwarte dich in einer Stunde.«

Er tat es und legte auf. Bartschikow & Partner,

irgend etwas mit Immobilien und Bauwesen. Mir hatte es den Atem verschlagen. Man entwickelt ja so eine Art Jagdinstinkt. Fünfundzwanzig Transporter – die verkaufte man nicht mal in einem Jahr. Dafür konnte dieser Kerl mich duzen, soviel er wollte.

Ich griff mir meinen Aktenkoffer und warf mich in den Dienstwagen. Wir hatten seit Tagen keinen Neuwagen verkauft. Der Chef lief rauchend durch das Autohaus. Er sagte, er hätte siebzig Leute zu ernähren, sich mit inbegriffen. Ob seine Verkäufer krank seien, oder ob irgend etwas an ihm nicht stimme?

Das läge am Wetter, hatte einer der Verkäufer geantwortet. Die Kunden würden alle am Strand liegen oder in ihren Gärten sitzen. Bei dieser Hitze kaufe doch niemand ein Auto.

»Dann betet, daß es regnet oder fahrt zum Strand und verkauft dort Autos. Ich will, daß sich hier was bewegt, sonst können wir die Bude dicht machen.»

Nun fuhr ich also durch die Stadt. Der Verkehr floß träge dahin, und die Klimaanlage blies kühle Luft in den Innenraum. Es ist wichtig, daß man nicht verschwitzt bei dem Kunden ankommt. Niemand kauft ein Auto von einem Verkäufer, der ein durchschwitztes Hemd auf dem Körper trägt und womöglich flach atmet.

In meinem Koffer war alles ordentlich sortiert und griffbereit: Leasingrechner, Restwerttabellen, Handbücher, Prospekte, Preislisten. Man muß die Übersicht behalten. Die Kunden neigen dazu, hektisch hin- und herzureden oder, wie es bei gewieften Geschäftsleuten sein kann, einen bei den Preisen durcheinanderzubringen, die Nachlässe hochzuschrauben. Am Ende hat man »'nen Appel und 'n Ei« verdient und der Käufer rennt durch die Gegend und erzählt jedem, wie er den »Autoheini« aufs Kreuz gelegt hat. Das Geschäftsleben ist voller Tücken und Fallen. Also behält man immer den »Weg« im Auge, und sobald der andere ihn verläßt, führt man ihn höflich und behutsam darauf zurück. Man legt vorher fest, was man machen will und was nicht.

Und je näher der Stadtteil kam, desto stärker wuchs meine Spannung an. Man ist immer im Nachteil, wenn der Kunde ruft. Für ihn ist das ein Heimspiel. Oft entscheiden die ersten Sekunden. Auch wie man der Sekretärin beikommt. Niemals nachlässig zur Sekretärin sein oder gar arrogant. In der Regel fühlt sie sich sowieso wie ein Fußabtreter. Nimmt man ihr nicht dieses Gefühl, kann das später schwerwiegende Folgen haben. Beim Telefonieren beispielsweise. Dann ist der Chef immer in einer Besprechung. Oder sie sagt: »Er kann jetzt nicht!«, legt den Hörer auf und denkt: »Du Lackaffe!« Am besten wäre es, Blumen mitzubringen oder Schokolade. Doch das ist nicht mein Stil. Man darf auch niemals von seinem Stil abweichen. Das riecht nach Anbiederei.

Besser ist es, sich so zu konditionieren: ›Ich vertrete hier eine der besten Automarken der Welt.

Entweder Sie kaufen oder lassen es bleiben! Sollten Sie kaufen, so werden Sie Ihre Freude an dem Wagen haben. Das ist so sicher wie das Amen in der Kirche!‹

Man fährt also nicht so einfach zu einem Kunden, sondern man macht fahrend so eine Art Yogaübung. Außerdem muß das Hemd blütenweiß sein und die Krawatte aus Seide. Nicht um sich zu schmücken. Das ist mehr so eine Art Panzer oder eine kugelsichere Weste. Man wird darin nicht so schnell »erschossen«.

Was ist das für ein Leben? Eigentlich ein Scheißleben. Und außerdem ist man noch verantwortlich, und zwar dafür, daß der Erdball mit Autos zugepflastert wird.

Doch an jenem Vormittag hatte mich das Jagdfieber ergriffen. Fünfundzwanzig Transporter! Es konnte gut und gerne sein, daß ich mich da als Mitbewerber unter zwanzig Autohäusern befand. Solch ein »Bratenduft« verbreitete sich schnell im ganzen Land. Und überall hockten solche Kerle wie ich, ausgezehrt von dem Job und die Nasenflügel vor Witterungsaufnahme geweitet.

Die Straße befand sich in der Altstadt. Ich kannte hier jeden Weg und Steg, denn ich hatte meine Kindheit und Jugend in dieser Gegend verbracht. Hier, ganz in der Nähe, hatten wir damals ein Auto geklaut. Jetzt verkaufte ich diese Dinger.

Ich stieg aus dem Wagen und zog mir trotz der Hitze das Jackett an, rückte den Schlips zurecht, warf die Autotür zu und schlenderte langsam die

Straße entlang. Nur nicht zu gierig wirken! Immer schön gelassen! Jedoch nie gleichgültig sein, das ist etwas anderes.

Die Häuser waren hier alt und brüchig. Viele neue Firmen saßen nach der Wende in den unmöglichsten Büros. Ihnen waren Immobilien zugefallen, alte verbrauchte Wohnungen, die sie über Nacht in leidliche Arbeitsräume verwandelt hatten, mit all dem Schnickschnack, der Geschäfte ermöglichte: Kopierer, Faxgeräte, Anrufbeantworter, Computer. Über mir öffnete sich plötzlich ein Fenster. Ein Mann mit Krawatte erschien darin und spuckte kräftig auf die Straße, mir vor die Füße, und schloß das Fenster wieder. Er hatte mich nicht bemerkt. ›Das ist ja toll‹, dachte ich, ›nun spucken dich die Kerle auch noch an.‹ Ich bin abergläubisch und versuchte dieses Zeichen zu verdrängen.

Ich klopfte an der Tür mit der Firmenaufschrift. Eine zaghafte Frauenstimme rief: »Herein!« Ich betrat also dieses Büro, den Kopf erhoben, gerade Haltung, und sagte laut: »Einen schönen guten Morgen, meine Damen!« Das ist so ziemlich die dümmste und abgedroschenste Begrüßung, die ich kenne. Doch sie ist unumgänglich, eine Art Kriegsgeheul. Sie kündet von Dynamik und forschem Optimismus. Ich nannte meinen Namen und wies darauf hin, daß ich einen Termin mit dem Herrn Bartschikow vereinbart hätte, roch dabei sofort die ängstliche Unterwürfigkeit dieser drei Frauen, ein Zeichen, daß auf einen despotischen Chef schließen ließ.

Kaum war der Gedanke zu Ende gebracht, flog die Tür eines Nebenzimmers auf, und ein Mann erschien. Es war der Spucker. Er war klein, breit, hatte ein markantes Gesicht, eine Halbglatze, und das Kinn hielt er erhoben. Er sah mich kurz prüfend mit seinen dunkelbraunen Augen an und sagte: »Hier herein, ich warte schon!«

Sein Büro war schmal und spartanisch eingerichtet. Er schloß die Tür von innen, lief um den Schreibtisch herum und machte eine Handbewegung, die ich wohl falsch auslegte. Gerade wollte ich mich setzen, da herrschte er mich an: »Stehenbleiben! Ich stehe auch den ganzen Tag. Ich hasse sitzende Leute!«

›Gott‹, dachte ich, ›was ist denn das für einer?‹ Mit diesen kurzen, schnellen Bewegungen seiner Arme – mal stemmte er sie sich in die Seite, mal verschränkte er sie vor der Brust – erinnerte er mich an Mussolini in alten Filmen. Ich stellte mich sofort auf seine Art ein und behauptete, daß ich das Sitzen auch hassen würde, man bekäme davon einen dicken Hintern und der Kreislauf käme ins Stocken. Dabei stimmte das gar nicht, ich hasse langes Stehen. Und wenn mir einer so kommt, gehe ich gleich über, Fragen zu stellen. Wer fragt, der hat Macht. Es fragt immer der Verhörende, nie der Delinquent.

»Sagen Sie, was sind Sie eigentlich für ein Landsmann? Ich will Ihnen nicht zu nahe treten, Sie sprechen ein gutes Deutsch, jedoch mit Akzent ...«

»Ich bin Bulgare«, unterbrach er mich.

»Ich kenne viele Bulgaren«, sagte ich. »Ich war oft in Ihrem Land und habe mich viel mit den Leuten unterhalten ...«

»Ich hasse Bulgaren«, rief er. »Sie sind dumm, faul und gefräßig. Man kann mit ihnen keine Geschäfte machen, weil sie zu träge sind. Deshalb haben sie jetzt auch diese Schwierigkeiten. Das heißt aber nicht, daß ich den Osten nicht mag. Das Licht kommt schließlich daher.«

»Das stimmt«, warf ich ein. »Ich bin auch so eine Art Ostler, im weitesten Sinne natürlich. Ich bin Halbrusse, mein Vater war wohl ein Russe ...«

»Die Russen sind blöde!« unterbrach er mich. »Ganz einfach verblödet. Ich habe nebenan eine Russin sitzen. Sie hat mir was vorgejammert: ›Sei so gut und stell' mich ein.‹ – ›Was kannst du?‹ habe ich sie gefragt. ›Alles‹, meint das Weib. Und nun sitzt sie nebenan, und der Computer macht mit ihr, was er will. Und sie jammert. ›Was jammerst du?‹ frage ich. ›Hast du einen Job, oder hast du keinen? ... Na also.‹ – ›Aber ich begreife das alles nicht, ich kann das nicht, und ich kann dies nicht‹, sagt sie. Die dumme Ziege! Sie begreift die Lebensregeln nicht. Sie hat Mitleid mit sich selbst. Mitleid allein ist schon schlimm. Aber Mitleid mit sich selber haben, das ist die größte Sünde. Oder hast du etwa Mitleid mit dir?«

»Ich hasse mich«, erwiderte ich.

»Warum das, bist du krank? Komme mir hier nicht mit Krankheitsgeschichten!«

»Nein, ich bin okay. Ich hasse mich dafür, daß

ich gesagt habe, daß ich gerne stehe, wo ich doch viel lieber sitzen würde.«

»Dann setz' dich doch! Hast du einen Willen, oder hast du keinen? Mach', was du für richtig hältst, bist selber schuld, wenn du dich gleich unterwirfst. Ich hasse Unterwürfigkeit. Ich stamme aus einem kleinen, verkommenen Dorf. Gut, die Leute haben zu Essen und zu Trinken gehabt. Aber es hat mich als Kind bereits gequält, wie sie sich unterworfen haben. Ging einer von der Obrigkeit vorbei, haben sie die Mützen vom Kopf gerissen. Ich bin da gleich früh weg, direkt nach Deutschland. Die Deutschen sind zwar auch Idioten, aber sie verstehen es, Geschäfte zu machen, regelrechte Kotzbrocken sind sie dann. Und das reizt mich, solche Kotzbrocken aufs Kreuz zu legen. Bulgarische Hampelmänner - mit denen hast du doch ein leichtes Spiel. Aber an einem Deutschen kannst du dir die Zähne ausbrechen. Sie sind phantasielos und stupide. Aber was die Geschäfte betrifft, da sind sie zäh und geschickt. Die schlimmste Sorte von Deutschen, das sind die Ostdeutschen. Das sind die größten Jammerfritzen auf dem gesamten Erdball. Die kommen noch vor den Arabern. Wobei die nur so tun, als jammerten sie. Wofür ich ja noch Verständnis habe, aus taktischen Gründen zu jammern ... Was willst du?« herrschte er die Frau an, die plötzlich den Kopf durch die Tür gesteckt hatte.

»Ich Kaffee machen solle?« fragte sie in gebrochenem Deutsch.

»Wir arbeiten, wir brauchen keinen Kaffe«, wies er sie brüsk ab.

»Mir können Sie einen bringen«, bat ich die Schüchterne. »Und zwar schwarz, schwarz wie die Seele!«

»Seele?« fragte sie.

»Mein Gott!« tobte Bartschikow los. »Ohne Zucker und ohne Sahne!« Die Tür schloß sich wieder.

»Da hast du deine Russen! Sie ist bereits zwei Jahre in Deutschland, aber sie spricht Deutsch wie eine Irre. Ich hab' ihr gepredigt: ›Setz' dich hin, Mädel, pauke die deutsche Sprache! Nur die Sprache ist der Schlüssel für das Land, in dem du leben willst.‹ Aber nein: ›Ich Kaffee machen solle?‹ Erwachsene Menschen benehmen sich wie Kinder! Ich habe Deutsch bereits in Bulgarien gelernt. In Deutschland habe ich in der ersten Zeit mein Maul gehalten, bin in die Kneipen gegangen und habe auf Bahnhöfen herumgelungert, hab' gelauscht, wie die Leute sprechen. Dann sprach ich selber auf Tonband, hab' mich korrigiert, gelöscht und wieder gesprochen. Achte mal drauf, ich spreche sogar ein wenig Hamburger Dialekt, nur ein wenig, darauf bin ich stolz. Natürlich, den Akzent kriegst du so schnell nicht weg. Ist ja auch nicht nötig, im Gegenteil ... Was willst du?«

»Kaffee ich bringe ...«

»Das heißt: ›Ich bringe den Kaffee‹, verdammt noch mal! Wir sind doch hier nicht in Kirgisien!« Er schob sie raus und machte die Tür hinter der Frau zu.

»Wieso trinkt ihr Deutschen eigentlich soviel Kaffee? Das ist ja, als gieße man sich flüssigen Asphalt in den Körper; das macht impotent und die Knochen weich. Grauenhaft! Wo waren wir vorhin stehengeblieben?«

»Bei den Arabern?«

»Quatsch! Bei den Ostdeutschen. Bis zu den Knien sind sie in Scheiße rumgewatet. Jetzt wird sie abgesaugt, und was ist – sie trauern der Jauche nach ...«

»Das braucht Zeit«, warf ich ein. »Die Leute hier sind wie Pflanzen, die im Gewächshaus aufgezogen worden sind. Sie müssen sich an alles gewöhnen, an den Sturm und die Unbilden im Freien ...«

»Das hast du in der Zeitung gelesen. Ihr Kerle schnappt euch alles auf, was für eine Entschuldigung gut ist. Wo in der Natur gibt es so etwas: Zeit und Ruhe? Hast du mal gesehen, wie schnell ein Gnu auf den Beinen ist, sobald es den Mutterleib verlassen hat? Oder bei den Känguruhs? Das Muttertier kann sich keine lange Tragezeit erlauben, also kriecht das Junge sozusagen nackend und frierend heraus und in den Sack. Wenn das Muttertier in diesem Moment gerade auf der Flucht ist, hat der Nachwuchs Pech gehabt, wird sozusagen im Galopp verloren. Das hört sich nur grausam für denjenigen an, der es nicht kapiert. Dabei geht es in Deutschland wahrlich nicht um Tod oder Leben. Es geht nur darum, sich ein bißchen zusammenzunehmen und die Gedankenlinien zu verlängern.«

»Das verstehe ich nicht«, sagte ich und sah,

während ich meinen Kaffee trank, über die Tasse hinweg.

»Das ist doch ganz einfach! Der Mensch sitzt in der Kiste seiner Erfahrungen. Er macht neue, wenn er aus der Kiste steigt oder aus ihr herausgebrochen wird. Muß er aus irgendwelchen Gründen in der Kiste bleiben, sollte er wenigstens seine Gedanken erweitern, deren imaginäre Linien verlängern, sich gedanklich erheben ... Verdammt noch mal, er muß sich eben Gedanken machen!«

»Und warum?«

»Warum, warum! Damit er nicht in seiner Kiste verrottet. Dafür ist er Mensch, daß er sein Schicksal in beide Hände nimmt. Deswegen kann man trotzdem scheitern, krank werden oder sterben – aber man hat es doch versucht. Das macht doch den Menschen aus, daß er wenigstens seine Möglichkeiten voll auslotet. Ich habe nichts gegen Leute, die mit der Spitzhacke die Erde aufreißen und anderen die Straßen bauen, das ist ein ehrenvoller Beruf für den, der dazu geschaffen ist. Wer ein Diplom in der Tasche hat und dorthin geraten ist, weil er an der Flasche hangt oder die Frau ihm weggelaufen ist, und nun jammert, dem müßte man in den Arsch treten.«

»Das ist interessant«, sagte ich.

»Natürlich ist es das. Ich habe vor der Tür ein riesiges Auto stehen. Nur so, aus alter Gewohnheit. Autos interessieren mich nur noch, weil sie eine Hilfe sind, wie Telefon oder Computer. Als ich nach Deutschland kam, war es mein sehnlichster Wunsch, ein Auto zu besitzen. Ich bin nachts ins Bett gefallen und habe mich im Traum in einem Auto gesehen, ich bin morgens aufgewacht und wünschte mir, zur Arbeit zu fahren, und zwar mit einem eigenen Wagen. Ein halbes Jahr später besaß ich ein Auto. Ein altes Ding, eine Schrottkarre, aber sie fuhr. Dann habe ich mich nach einem besseren Wagen gesehnt, einem größeren mit starker Maschine. Bald hatte ich einen, und ich merkte, welch kurze Stimulanzien Dinge haben. Ich habe es erst durch den Besitz erfahren. Wenn man hier in ein Autohaus geht, kann man erleben, wie einige Leute jammern: ›Das kann ich mir nicht leisten, das werde ich nie besitzen. Das können immer nur die anderen!‹ Wenige sagen, daß das ein schönes Auto ist, mit gediegener Technik. Das Jammern macht mich krank! Nicht bei Menschen wohlgemerkt, die das Jammern nötig haben, weil sie wirklich in der Scheiße sitzen, das ist etwas ganz anderes.«

Während er so herumlief, redete und wild gestikulierte, erwuchs in mir eine seltsame Energie. Zum einen lag es wohl an dem Kaffee, der äußerst stark gewesen war. Zum anderen war es die Stunde zwischen zehn und elf Uhr, die Zeit also, in der gewöhnlich meine Kräfte wuchsen. Hauptsächlich aber lag es wohl an der Art, wie der Bulgare hier herumlief und mit dröhnender Stimme gegen die Unzulänglichkeiten der menschlichen Natur wetterte. Es war, als würde jemand die Trommel schlagen: Rattamm, rattamm, rattamm – Feiglinge, Schwächlinge, Jammerfritzen, Idioten! Ich vergaß allmählich, warum ich überhaupt hier war. Am liebsten wäre ich aufgesprungen und mit ihm hin- und hergelaufen. Oder hätte ihm einen Fausthieb in den Magen versetzt. Nicht, weil ich ihn nicht leiden konnte, sondern nur so aus Übermut. Um an ihm meine Kräfte zu messen.

»Kommen wir also zum Geschäft. Ich will fünfundzwanzig blaue Transporter kaufen. Da muß dir doch die Luft wegbleiben. Soviel verkauft ihr Brüder doch nicht mal im ganzen Jahr.«

»Wir verkaufen das Doppelte«, log ich.

»Erzähl mir doch nichts. Ich kenne mich doch aus in eurer Branche. Da herrscht doch im Augenblick Friedhofsstille. Von den Autohäusern breitet sich Verwesungsgeruch aus.«

»Bei uns läuft's.«

»Deswegen warst du auch so schnell hier. Die Provision bleibt aus, und die Kinder machen Klimmzüge am Brotkasten. Warum verkaufst du eigentlich in deinem Alter noch Autos? Du hast doch eine intelligente Stirn, du solltest selber eine Kette von Autohäusern besitzen.«

»Die Wende hat meinen Lebensplan ein wenig durcheinandergebracht. Und es ist auch nicht meine Sache, ein Unternehmen zu führen.»

»Da tanzt du lieber nach der Pfeife anderer? Was bist du nur für einer?«

»Ich bin der Beste. Ich bin ein Starverkäufer. Ich sitze normalerweise im Büro, Beine lang unter dem Tisch und nehme Bestellungen entgegen. Das hier mache ich nur, weil ich ein bißchen frische

Luft schnappen wollte. Es ist warm heute, und unsere Klimaanlage funktioniert nicht richtig.«

»Du bist der Beste von drei Verkaufsfatzken, das ist ja ein mächtiger Erfolg, gratuliere!«

»Der Beste in der Branche.«

»Kannst du das beweisen?«

»Nichts leichter als das«, rief ich, sammelte die Prospekte zusammen, die ich bereits auf dem Tisch ausgebreitet hatte, warf alles in meinen Aktenkoffer und erhob mich.

»Was soll das?« fragte Bartschikow und runzelte die Stirn.

»Ich gehe.«

»Und die fünfundzwanzig blauen Transporter, was ist damit.«

»Die kannst du dir an den Hut stecken. Du bist mir zu pfiffig, das bringt nur Arbeit und Ärger. Also, mach's gut. Vielleicht sehen wir uns mal!« Ich ging zur Tür hinaus, er rannte hinter mir her.

»Was soll das, bleib stehen. Du kannst doch nicht einfach abhauen!«

»Halten Sie mir den Bulgaren vom Leib«, bat ich die Russin im Vorbeigehen.

Als ich auf der Straße stand, atmete ich tief durch. Das war ein Gefühl! Er würde nun in seinem schmalen Büro sitzen und die Welt nicht mehr verstehen. Seine selbstgebastelten Lebensregeln stimmten nicht mehr. Ich lachte vor Übermut. Er war auf einen Ebenbürtigen gestoßen! Ich riß die Tür meines Wagens auf und warf mich beschwingt hinters Lenkrad.

Am nächsten Parkplatz hielt ich an. Ich barg das Gesicht in die Hände. Ich Idiot, was hatte ich getan! Fünfundzwanzig blaue Transporter! Mein Chef würde mir die Nase abbeißen, wenn er davon Wind bekäme. Ich mußte durchgedreht sein!

Es gibt wohl kaum einen Autoverkäufer, der mit ihnen noch keine Erfahrung gemacht hat: mit Männern, die so tun, als könnten sie sich ein Auto leisten, dabei kaum das Geld für ein Bier in der Tasche haben. In der Regel scheitert ihr erbärmliches Unterfangen. Verkäufer wittern die Mittellosigkeit. Doch man findet Spezialisten unter solchen Sonderlingen, die wie gute Schauspieler dermaßen in ihre wunderlichen Rollen hineinwachsen, daß sie mitunter das Bewußtsein ihrer eigenen Identität verlieren. Diese kann man getrost als Profis bezeichnen. Ihre Kleidung ist einigermaßen in Ordnung, ihr Benehmen korrekt.

Sie schauen ein bißchen umher, legen wie sinnend einen Zeigefinger an die Nase, dann treten sie von einem der luxuriösen Modelle zurück und betrachten es. Plötzlich haben sie die Arme vor der Brust verschränkt und den Kopf zur Seite geneigt, so wie Kunstliebhaber eine Skulptur betrachten: skeptisch. Dabei haben sie den gesamten Schauraum im Auge, besonders die Büros der Verkäufer.

Man kann sicher sein, daß gleich einer herbeieilt. Meistens ist das selbst ein armer Teufel. Der Monat nähert sich fast dem Ende, und sie haben erst ein oder zwei Autos verkauft, diese Verkaufssklaven, die wie Marionetten herumlaufen, in feinem Zwirn und schwarzen Lackschuhen. Geht der Chef an ihren Büros vorbei, ziehen sie sinnlos einen Aktenordner, um in seinen Augen nicht untätig zu wirken. Der fehlende Erfolg macht sie blind und ungeschickt. Meistens hüsteln sie, bevor sie einen Kunden ansprechen.

Handelt es sich bei dem »Käufer« um einen Profi, hat er einen Blick für solche Verzagten. Auf sie hat er es abgesehen. Sie sind die Stichwortgeber in dem Stück, in dem er die Hauptrolle spielt.

Es eilt also einer herbei, rückt dabei sein Jackett zurecht. Er hat ein glattes, junges Gesicht und glänzende Haare. »Kann ich etwas für Sie tun?« fragt er, nachdem er kräftig gehüstelt hat. – Absolutes, professionelles Schweigen. Die Arme bleiben vor der Brust verschlossen. Es handelt sich hierbei um eine Schweigeblockade, ein Machtspielchen. Der Schwächere unterliegt und muß das Gespräch aufnehmen. So wie man einen schweren Wagenheber aufnimmt: gebückt.

»Kann ich etwas ..., äh, ich meine ... Dürfte ich Ihnen behilflich sein?« Der angeknackste Verkäufer ist jetzt noch ein bißchen mehr angeknackst.

»Was kostet die Kiste da?«

»Zweiundvierzig ... Nee, warten Sie mal, zweiundfünfzig ...«

»Ja, wie denn nun? Zweiundfünfzig Mark, oder was?«

Endlich hat der Verkäufer das Preisschild im Blickfeld, von dem er laut und stolz die Zahl abliest. Ein respektabler Preis!

»Habt ihr nicht mal was Üppigeres?« fragt der vermeintliche Kunde gelangweilt und gähnt währenddessen seinen Handrücken an.

Der Verkäufer führt ihn an ein anderes Fahrzeug.

»Wie sieht's mit einer Klimaanlage aus?«

»Die hat er leider nicht«

»Was stehen wir denn hier noch herum? Wollen Sie mir ein Auto ohne Klimaanlage zumuten? Machen Sie mir ein Angebot für einen Wagen wie diesen hier, nur mit Klima!«

Dann sitzen sie im Büro. Es wird Kaffee serviert, der Verkäufer rechnet und rechnet und verrechnet sich. Sein Gegenüber genießt das, raucht eine Zigarette, schlägt die Beine über und spürt förmlich die imaginären Tausender an seiner Brust knistern.

Aber Typen wie er haben alle einen Fehler. Ihr Selbstbewußtsein nährt sich dermaßen an solchen jungen, unerfahrenen Burschen, daß sie übermütig werden und aus der Rolle fallen.

Dieser hier sagt: »Und wie sieht's mit einer Antipoden-Zweizyklus-Steuerung aus? Kann man die bei euch bestellen, oder haben die das schon drin?«

»Wie ... Antipoden?«

Der Verkäufer ist perplex. Er liest jeden Tag Werksmitteilungen, behält davon kaum die Hälfte, und im Kopf schwirrt es nur so von Fachausdrücken. Könnte sein, daß ihm da wieder etwas entglitten ist.

»Momentchen«, sagt er und geht zu einem älteren Kollegen ins Nachbarbüro. »Was zum Teufel ist eigentlich ein Antipoden-Zweisteuerungs-Dingsbums? Hat das etwas mit dem neuen Navigationssystem zu tun?« erkundigt er sich flüsternd.

»Komm«, sagt der Ältere, »wirf den Kerl raus! Der hat 'ne kalte Bude, und das Geld für einen Kaffee ist auch alle. Da kommt er in den Laden hier, wärmt sich auf und verarscht dich ein bißchen. Dem habe ich schon ein Dutzend Angebote gemacht. Der zieht von Autohaus zu Autohaus. Frag mal die anderen, die kennen den alle.«

Der Star in dieser seltsamen Branche ist Baxalary. Er geht auf die Vierzig zu, ist schlank und hochgewachsen. Alles, was er bisher in seinem Leben gemacht hat, hat er perfekt gemacht. Sogar seine Ehe hat er vollends zertrümmert.

Er war ein äußerst fähiger Meister im Schiffbau, hatte ein leidliches Einkommen, eine hübsche Wohnung und zwei wohlgeratene Kinder: einen siebzehnjährigen Jungen und ein Mädchen, das noch nicht zur Schule ging. An ihr hing sein Herz besonders.

Baxalary liebte es, sich gut zu kleiden, er kaufte wenige, aber dafür sehr feine, teure Sachen. Das war so ein Tick von ihm, er war eben auch bei seiner Kleidung gründlich.

Dann erwischte er seine Frau bei einem an sich unbedeutenden Seitensprung. Und obwohl sie unter Tränen beteuerte, daß das eine belanglose Affäre gewesen sei und sie ihn trotzdem sehr liebe, zog er die Konsequenzen mit einer Schärfe, daß alle, die ihn kannten, mit dem Kopf schüttelten. Auch versuchten sie, ihm ins Gewissen zu reden. Die Zeiten seien nicht rosig. Nach einer Scheidung bliebe ihm nur ein Radio und, wenn es hoch käme, ein Tisch und ein Stuhl. So kam es auch.

Er trennte sich von seiner Familie und suchte sich ein Zimmer am anderen Ende der Stadt, in dem einzig ein kleines Foto von seiner Tochter an sein vormaliges Leben erinnerte. Es war mit einer Reißzwecke am Schrank befestigt.

Anfänglich betrank er sich nur an den Wochenenden und schleppte sich montags zur Arbeit. Schließlich trank er fast jeden Tag, was nicht lange unbemerkt blieb.

Sein Vorgesetzter zitierte ihn herbei, wollte wissen, was ihm einfalle, ob er meine, er sei auf einer Party. Der Chef wollte ihm nur mal richtig den Kopf waschen. Doch Baxalary warf sofort die Papiere hin und verlor daraufhin seine Arbeit.

Fortan trank er noch exzessiver, und so ist es eigentlich bis heute geblieben.

Nur hin und wieder rafft er sich noch auf, das allerdings gründlicher und ausdauernder als andere. Für ein komplett neues Leben reicht es nicht, allenfalls für den Schein eines solchen – für einen Moment der Erhabenheit.

Er wälzt sich aus seinem Bett, zieht die Gardinen vor dem Fenster zurück und schaut auf die Straße. Dann beginnt er sich gründlich zu waschen, rasiert sich, putzt sich die Zähne und tritt an seinen Kleiderschrank. Da liegt alles, was er für seinen »Job« benötigt: ein dunkler Anzug allerfeinster Qualität, ein stechend weißes Oberhemd, eine Krawatte von »van Laak«, Schuhe von der Firma Lloyd – sogar ein Taschentuch hält er für diesen Zweck bereit, ordentlich gefaltet und von himmelblauer Farbe.

Am ersten Tag macht er nichts weiter, als durch die Straßen zu gehen. Noch hat ihm der Alkohol nicht viel angetan. Sicher, die Knie sind ein bißchen wacklig, und unter den Augen bilden sich Tränensäcke. Das Licht macht ihm zu schaffen, zu lange hat er seine Tage im Halbdunkel verbracht. Daß er abgemagert ist, gereicht ihm mehr zum Vorteil, als daß es ihm schaden könnte. In der Schlankheit seiner hohen Gestalt liegt etwas, das man als »english« bezeichnen könnte. Es bewirkt, daß sich die Leute nach ihm umdrehen. Je länger er so herumgeht, desto sicherer wird er, desto zahlreicher begegnen ihm bewundernde Blicke. Obwohl es ihm danach gelüstet und er nachts nicht einschlafen kann, rührt er keinen Tropfen an. Er raucht auch nicht und kauft sich von seinem bißchen Geld Kleinigkeiten zum Essen: Bohnen mit Speck, Sandwiches, hin und wieder eine Pizza.

Nach zwei, drei Tagen ist es soweit. Baxalary hat sich unter Kontrolle. Er geht zum Bahnhof, löst eine Fahrkarte und fährt in die nächste Kleinstadt zu einem Autohaus, das er zuvor im Branchenbuch entdeckt hat. In seiner eigenen Stadt läuft er Gefahr, auf Bekannte zu stoßen.

Es muß immer ein Autohaus einer Nobelmarke sein, darauf legt er besonderen Wert. Er betritt den Schauraum, fällt durch sein distinguiertes Benehmen auf, und es dauert nicht lange, da nähert sich ihm einer von diesen verzagten Verkäufern, die er von oben behandelt und direkt froh sind, daß er ihnen nicht den Kopf abreißt, sondern lediglich den Wunsch nach einer ausgedehnten Probefahrt äußert.

Er wirft dem Verkäufer seinen Personalausweis und den Führerschein hin, der füllt ein Formular aus und übergibt dem vermeintlichen Interessenten einen Wagen, der es in sich hat. Dieser steigt in das aufgetankte Luxusmobil und fährt in die nächstgrößere Stadt.

Baxalary ist Techniker, so ist seine Schwäche für solche Autos nicht zufällig. Er fuhr stets kleine, preiswerte Fahrzeuge, aber sein innigster Wunsch war es schon immer, ein besonderes Auto zu fahren. Wäre sein Leben nicht sozusagen an einem Baum zerschellt, hätte er sich diesen Wunsch erfüllt. Er hatte mit seiner Frau darüber gesprochen, sie hatten dafür gespart, und so schlecht hatten sie beide nicht verdient. Vorbei.

Jetzt fährt er in das Autohaus einer anderen Nobelmarke, rauscht dort förmlich auf den Hof, steigt aus dem Wagen und wirft mit gekünstelter Verachtung die Tür ins Schloß, »schießt« mit der

Fernbedienung den Wagen zu. Dann beginnt er mit seiner »Arbeit».

Er kennt die ganze Palette von Verhaltensweisen, die für Machtmenschen typisch ist. Er selbst hatte unter dem Dirigat seiner Vorgesetzten gelitten. Jede ihrer Bewegungen, jede Geste, selbst ihre Mimik sind in seiner Erinnerung eingebrannt. Sein aristokratisch wirkendes Gesicht ist ihm jetzt von Vorteil. Er besitzt eine von diesen großen Nasen, die erfolgreiche Männer besessen hatten: de Gaulle, Friedrich II., Cäsar ...

Geistesgegenwart hat sie ausgezeichnet. Ein aufrechter Gang war für diese typisch. Wie sie quittierte Baxalary bewundernde Blicke nur mit einem kurzen Gegenblick. – Ja, man nimmt diese Huldigung entgegen. Mehr nicht.

Er betritt also das Autohaus, geht hoch erhobenen Hauptes auf die Limousinen zu, so wie einer, der sich zufällig dort befindet. Wie jemand, der im Normalfall ein Telefon benutzt und mit barscher Stimme die Anweisung gibt, so und so solle die Kiste aussehen, und jenes wäre die Faxnummer, fertig.

Das Schauspiel beginnt.

»Kann ich Ihnen behilflich sein?« – Unprofessioneller kann man ein Verkaufsgespräch nicht beginnen. Eine geschlossene Frage, die nur mit ja oder nein beantwortet werden kann.

Baxalary indes sagt: »Ich kann mir gut allein helfen.«

Ihm geht es nicht darum, einen unbedeutenden Verkäufer zu irritieren, er will den besten. Die sind daran zu erkennen, daß sie respektable, gestandene Männer sind. Ihre Schläfen sind leicht ergraut, die Kleidung ist ausgesucht und ihre Krawatte von einer Nadel aus echtem Gold geschmückt, ein winziges Zeichen unter vielen, die stumme Auskunft ihres Erfolges. Sie brauchen sich schon lange nicht mehr jedem Kunden vor die Füße zu werfen. Oft erledigen sie ihre Arbeit am Telefon. »Machen Sie mir mal drei von den Kisten fertig, über die wir letztens sprachen«, heißt es dann am anderen Ende. »Schwarz müssen sie sein. Ja, und Vollausstattung natürlich. Und sehen Sie zu, daß der Preis unter zweihunderttausend bleibt; ich kann mich doch auf Sie verlassen?«

Baxalary hat bereits den Verkäufer ausgemacht, auf den er es abgesehen hat. Er sitzt im gläsernen Büro, telefoniert, rechnet, notiert und bemerkt endlich, nachdem er schon mehrfach aufgeblickt hat, daß da draußen im Schauraum irgend etwas am Laufen ist.

Zwei seiner Kollegen sind bereits an diesem Fremden abgeprallt, also muß er die Sache in die Hand nehmen.

Während er sich erhebt, das Jackett in Form bringt und den Schlips gerade rückt, taxiert er den Mann, der, wie um die Zeit zu überbrücken, zwischen den Fahrzeugen wandelt. Er hat einen Blick für Klasse. Also schreitet er auf Baxalary zu.

»Guten Tag, mein Herr«, sagt er, »ich heiße Meisterlin und sah von meinem Büro aus, daß Sie sich für unsere Modelle interessieren. Wonach suchen

Sie denn, wenn ich einmal fragen darf?« Das ist die klassische, offene Frage, man muß schon mit mehr als einem Wort antworten. Der Verkäufer beherrscht sein Handwerk.

Baxalary bietet ihm zwei Wörter. »Nach nichts«, sagt er und zieht ironisch die Augenbrauen nach oben.

Und schon ist Meisterlin aus dem Rennen. Aber er verkraftet den Peitschenhieb, ja, er übergeht ihn gänzlich. Der sucht nach etwas, das sagt ihm sein Instinkt. Außerdem scheint er ein ganz hohes Tier zu sein, gebildet dazu. Also nimmt er die lakonische Bemerkung als Scherz und kommt ihm philosophisch.

»Das Nichts ist eigentlich das Wichtige. Nehmen Sie nur das Rad, eigentlich ist das Nichts zwischen zwei Speichen wichtiger als die Speiche selbst, habe ich recht, Herr ...«

Aber den Gefallen tut ihm Baxalary nicht, daß er ihm seinen Namen nennt. Er schaut sich den eitlen, erfolgstrunkenen Verkäufer an, als wolle er sagen: ›Du bist selber eine Speiche.‹ Er löst seinen Blick vom Verkäufer und weist mit einer ruhigen Handbewegung auf eine Limousine, die mitten im Schauraum steht und das Auto aller Autos zu sein scheint.

»Wie lange«, fragt er gedehnt, »wie lange muß ich warten, bis dieser Wagen da für mich zur Verfügung steht?«

»Wie, zur Verfügung?« Meisterlin versteht nicht recht, die Limousine kostet an die dreihunderttausend Mark. Sie steht bereits ein halbes Jahr dort, jeder Standtag kostet Geld. Der Chef des Autohauses hat eine hohe Prämie für den Verkäufer ausgesetzt, der das Kunststück fertigbringt, dieses Auto zu verkaufen.

»Habe ich mich etwa unklar ausgedrückt?« fragt Baxalary zurück.

Jetzt wacht Meisterlin auf. »Nun, drei, vier Tage nehme ich an. Die Zulassung erledigt sich schnell, aber das Geschäft muß bei der Bank angemeldet werden. Bei solchen Summen dauert das. Sicher, man kann ein bißchen Dampf machen, aber Banken sind eben Banken ...«

»Von welchen Banken reden Sie eigentlich, Herr ... Herr Meisterlein?«

»Meisterlin«, verbessert der Verkäufer. Ja, wie solle er sich ausdrücken, Kredite würden eben bei Banken aufgenommen.

»Ich zahle bar«, sagt Baxalary und besieht sich die Finger seiner rechten Hand.

Der Verkäufer ist wie betäubt. Das hat er hier noch nicht erlebt! Eine solche Summe in bar! Nein, nein, das ist kein einfacher Geschäftsmann. Gewöhnliche Geschäftsleute kaufen so nicht ein. Der hier muß in Geld schwimmen. Ohne Zweifel ist er Millionär. Ein Filmproduzent vielleicht. Mit solchen hat er es bisher nicht zu tun gehabt. Jetzt fängt sogar dieser gestandene Mann zu hüsteln an. Baxalary spürt den Schock des anderen, und er fühlt auch, daß sich bei ihm ein besonderes Wohlgefühl ausbreitet.

Er spielt jetzt nicht nur diesen steinreichen Mann, der versehentlich ein Autohaus betreten hat, er ist es auch.

Der Verkäufer bittet ihn in sein Büro, schiebt ihm blitzschnell einen Sessel hin, kann gar nicht genug Zeichen seiner Unterwürfigkeit setzen. Dann entschuldigt er sich, stürmt zu einer Mitarbeiterin, die draußen vor einer Tastatur sitzt, und herrscht sie an, sofort eine Tasse Kaffee bereitzustellen.

»Mit Sahne und Zucker, oder was?« fragt sie mit schnippischem Unterton. Sie kann diesen alten Fatzken von einem Verkäufer auf den Tod nicht ausstehen. Der tut gerade so, als würde er hier alle anderen mit seiner Arbeit ernähren.

»Und Kekse!« ruft Meisterlin. »Irgendwo müssen doch noch ein paar Kekse sein!«

Endlich ist alles angerichtet, und Meisterlin stellt per Computer ein Angebot zusammen.

»Was machen Sie da?« fragt Baxalary.

»Ich drucke Ihnen ein Angebot aus.«

»Was soll ich damit. Der Preis steht draußen am Wagen. Ich bin sicher, Sie werden ein paar Prozente ablassen. Ich sage Ihnen jetzt, was Sie machen werden: Sie nehmen sich diesen Autoschlüssel hier, draußen steht mein Wagen. Ich habe damit einen Igel überfahren. Das bringt Unglück. Und ich muß übermorgen nach München. Garantiert nicht mit dem Auto. Schauen Sie es sich an, ich mache mit dem neuen Wagen da eine Probefahrt, und Sie sagen mir anschließend einen Preis für meinen alten Wagen, okay?«

Jetzt kommt Bewegung in das Autohaus. Monteure stürzen herbei, schrauben rote Kennzeichen an das Fahrzeug, mit dem Baxalary eine Runde fahren will. Meisterlin persönlich fährt das Auto aus dem Schauraum, zieht die Handbremse an, steigt aus und bittet seinen Kunden, Platz zu nehmen. Der wirft sich respektlos hinter das Lenkrad, läßt die zwölf Zylinder aufsummen, und der Wagen entschwindet vor den Augen des Verkäufers.

Dann geht der zurückgebliebene um das vermeintliche Auto von Baxalary herum und schüttelt den Kopf. Ein neues Auto, und von allerfeinster Güte! Und nur, weil ihm ein Igel reingelaufen ist! Seit wann eigentlich bringen Igel Unglück?

Der Chef des Autohauses biegt um die Ecke. Er hat ein Gefühl dafür, wenn etwas in Bewegung gerät. Der Mann ist klein, breit und standfest, ein Stehaufmännchen sozusagen. Und er hört von seinem Büro aus die Flöhe husten.

»Warum, in aller Welt, will der Kerl dieses Auto verkaufen?« fragt er, mißtrauisch die Stirn runzelnd.

»Weil ihm ein Igel reingelaufen ist.« Jetzt, wo Meisterlin es vor seinem Chef wiederholt, kommt es ihm selber komisch vor.«

»Komm, hör auf, Meisterlin!« der kleine Chef winkt ab. »Da ist doch was oberfaul, das spüre ich förmlich im Nacken!«

Nach einer halben Stunde kehrt Baxalary zurück, steigt aus dem Auto und wirft mit Noblesse die Fahrertür zu. Er bemüht sich, gelassen zu tun. Dieses Gefährt hat alle seine Erwartungen übertroffen.

Es ist kaum zu glauben, daß es von Menschenhand geschaffen wurde. Schiffe werden aus groben Teilen gebaut, nicht gerade zusammengeschustert, aber nachvollziehbar von Menschenhand gefügt. Dieses Ding hier hat der liebe Gott erschaffen!

Meisterlin eilt herbei und stellt den Chef des Autohauses vor. Baxalary reicht dem Mann die Hand und mustert ihn, so wie man einen kleinen Hund anschaut.

Der Chef ist unsicher, so eine Persönlichkeit hat er nicht erwartet! Meisterlin hat nicht übertrieben.

»Was wollen Sie denn für Ihr Auto haben?« fragt er mit weicher Stimme.

»Sagen Sie eine Summe!«

Der Chef nennt ihm eine. Er ist ein Spieler, und deswegen handelt es sich auch um eine unverschämt niedrige Summe.

»Gott ja«, sagt Baxalary und spielt den Mann, der es gewohnt ist, sich nicht mit Lappalien abzugeben. »Verrechnen Sie das mit dem Neuen. Aber schmeißen Sie zuerst die Sitze raus!«

»Was ist mit den Sitzen?« Meisterlin schaut in die Innenraum des Fahrzeugs.

»Sie sind schwarz. Ich habe eine Phobie gegen schwarzes Leder. Machen Sie mir gelbe Ledersitze, rein und ich unterschreibe, jetzt gleich, auf der Stelle!«

Da hält es der Chef nicht mehr aus. »Das Umrüsten kostet mehr, als ein Mittelklassewagen wert ist! Und was soll ich mit den alten Sitzen anfangen? Wer nimmt mir die alten Sitze ab?«

Da wendet sich Baxalary in seiner unnachahmlichen, »englischen« Art dem Chef des Autohauses zu, mit einem Blick, der in etwa ausdrückt: Was kläffst du hier herum, du kleine Dogge! Laut sagt er: »Ich bezahle alles, keine Sorge. Unter einer Bedingung: Der Wagen muß morgen Mittag bereit stehen! Ich muß am Abend in München sein!«

Nun reden sie durcheinander, der Chef und sein Verkäufer. Das gehe nicht, weil die Sitze bestellt werden müßten, und es dauere mindestens eine Woche, bis man die Garnitur in Gelb liefern könne, wenn nicht gar länger ...

Baxalary hört sich das alles an. Das Finale ist eingeläutet.

»Tja, meine Herren«, sagt er und schaut auf das Gespann herab. »Dann tut es mir leid. Schwarzes Leder bereitet mir körperliches Unwohlsein, man sitzt wie in einem ausgepolsterten Sarg. – War nett, Sie kennengelernt zu haben.« Er nickt ihnen kurz und herrisch zu und begibt sich zu seinem Wagen.

Meisterlin sprintet ihm hinterher, der Chef hatte ihm einen Stoß versetzt.

»Aber der Igel«, ruft er, »was wird aus dem Igel!«

Baxalary bleibt stehen. Gleich ist alles vorbei. Aber es fehlt noch ein kleines Bonbon. Selbst er kann es sich nicht verkneifen: »Es gibt doch wohl noch andere Autos, oder? Vielleicht nehme ich auch einen Hubschrauber. Kommt ganz darauf an, wie sich das Wetter morgen verhält. Jedenfalls fahre ich nicht in einem Auto nach München, das einen Igel überrollt hat.«

Zu Hause angekommen, schält er sich aus seiner Verkleidung und sinkt in einen alten Sessel. Da ist die Flasche mit Schnaps, da ist das Foto seiner Tochter. Für kurze Zeit ist Baxalary noch der Erfolgsmensch. Ein Lächeln huscht über sein Gesicht. Dann setzt er die Flasche an den Mund.

Autohäuser heizen kriminelle Energien an. Besonders bei unbedarften, sensiblen, phantasievollen Ganoven. Das sind keine Diebe, die Autos klauen und auf Schiffe verladen. Die Unbedarften sind wie Süchtige. ›Nur noch einmal richtig die Flasche an den Hals, und nach mir die Sintflut‹, so denken sie vermutlich. Ihre Sucht, nur einmal, und sei es nur für Tage oder Wochen, ein richtiges Auto zu besitzen, treibt sie zur wahren Perfektion. Wer es mit solch einem Experten zu tun hatte, fragt sich hinterher, warum dieser Mensch seine Talente verspielt. Warum er seine Fähigkeiten niemals kanalisiert hat, damit Geld verdient und sich ganz legal ein Auto kauft.

Nun ja, ein übertölpelter Autoverkäufer fragt sich so etwas natürlich nicht. Er ist blaß, raucht Zigaretten ohne Unterlaß und stößt hervor: »Wenn ich das Schwein erwische! Dem dreh' ich den Hals um!«

Da gehen Faxe von Autohaus zu Autohaus, Warnungen mit Personenbeschreibungen, besonderen Merkmale und den Berufen, die diese Burschen angeblich ausüben: Physiker, Atomwissenschaftler, Versicherungsmakler, Hotelbesitzer ... Und es dauert nicht lange, da hat solch ein Früchtchen schon wieder einen Autoverkäufer aufs Kreuz gelegt.

In einem benachbarten Autohaus kam ein Bursche auf den Hof und steuerte gleich auf den Verkäufer zu, der da stand und Preisschilder schrieb. Der Mann war noch keine Dreißig, blond, hatte helle Augen, trug Anzugshose, Schlips und Kragen, dazu ein Handy am Gürtel. »Scheiße!« sagte der Blonde. »Ich habe eben einen Unfall gehabt.«

»Was kann ich für Sie tun?« fragte der Verkäufer stereotyp. Er hatte ein breites Gesicht, schütteres Haar und resignierte Mundwinkel, die dieser Tage um so deutlicher hervortraten, hatte er doch seit Wochen kein Auto mehr verkauft. Und er konnte diese Kerle nicht mehr sehen, die hier stets herumliefen, Fragen stellten und niemals zur Sache kamen.

»Ich brauche ein Auto. Ich bin Werbefachmann, besitze ein eigenes Unternehmen. Ohne Auto bin ich eine Leiche. Zeig' mir mal eine richtig gute Kiste!«

Der müde Verkäufer zeigte ihm ein Auto. Klein und preiswert.

»Ich sagte: Auto«, mahnte der Blonde. »Ich setz' mich doch nicht in eine Zigarettenschachtel.« Er beschrieb das Modell, das er suchte.

Der Verkäufer schlurfte zu einem Auto, das man im Volksmund »Schlitten« nennt. Er hatte bereits fünfzig Leute dorthingeführt. Wie in einem Automuseum. Er haßte das, benahm sich auch so. Träge öffnete er die Tür des Wagens. Es hätte nur noch gefehlt, daß er ihn beschrieben hätte: hier ist die Hupe, dort sind vier Räder ...

Der Blonde griff nach seinem Handy, wählte eine Nummer und sah abwartend einem Vogel nach, der über den Platz flog. »Ja, grüß dich, Uschi, ich bin's. Ich stehe hier gerade im Autoladen. Was hältst du von dunkelgrün? ... Was, nicht deine Farbe? Du, ich kann jetzt nicht noch nach Farben gehen. Ich muß morgen zur Messe, da wird's denn auch mal in dunkelgrün gehen, oder? Was? ... Ja, das sage ich ihm gleich. Tschüs ...« Er steckte das Handy an den Gürtel und sagte: »Mach' da mal noch 'n Anhängerzug dran!«

»Und dann?«

»Und dann, und dann - dann hole ich mir das Ding heute nachmittag ab.«

»Der ist doch noch gar nicht zugelassen.«

»Dann gibst du mir eben rote Kennzeichen mit. Ich komme übermorgen von Hannover zurück, du läßt ihn fein ordentlich zu, und am Donnerstag tauschen wir die Schilder.«

Der Verkäufer stand da wie festgeschweißt. Doch allmählich dämmerte es bei ihm. Etwas schien bei ihm anzuklopfen, sich verständlich machen zu wollen: Hallo, hallo, aufwachen, da will einer ein Auto kaufen!

»Und mit der Bezahlung? Finanzierung oder Leasing oder was?«

»Quatsch, ich bezahle grundsätzlich Cash! Kohle

gegen Ware! Da gibt's keinen Ärger, und alle freuen sich, stimmt's?« Und wie zur Untermalung riß er seine Brieftasche hervor und schlug sie zweimal in seine Handfläche. Das war keine Brieftasche mehr, das Ding sah eher aus wie eine Lederkugel, so prall schien sie mit Geldscheinen gefüllt zu sein. »Also Meister, frisch ans Werk! Und wehe, ihr Brüder schafft das nicht, bis vier Uhr den Anhängerzug anzubauen! Dann gibt's hier mächtigen Ärger! Das kannst du deinem Chef schon mal bestellen.«

»Und der Vertrag, was ist damit?«

»Den unterschreibe ich, wenn alles so hergerichtet ist, wie ich es mir vorstelle. Also, bis bald!« Der Blonde verschwand, und der Verkäufer kam allmählich in Fahrt. Er ordnete das mit dem Anhängerzug an, der Wagen wurde in die Werkstatt geschoben, und einem Kollegen erzählte er den Vorfall: »So ein junger Werbefutzi! Tippt auf den Wagen und sagt: das ist er! Eine Brieftasche so prall wie ein Kürbis! Ich glaube, wir sitzen hier im falschen Abteil. Die Kerle verdienen ihr Geld im Schlaf. Unsereiner ist froh, daß er am Monatsende die Miete bezahlen kann, und diese jungen Burschen kaufen sich Autos wie andere Dosenbier. Was machen wir falsch?«

Eigentlich war diese Klage mehr rhetorisch gemeint. Denn der Verkäufer war in Hochstimmung. Solch ein teures Auto! Das gab einen ordentlichen Batzen Provision! Und der ansonsten müde und erfolglose Angestellte spitzte sogar die Lippen und pfiff sich ein Liedchen, als er den Vertrag vorbereitete. Doch plötzlich stutzte er. Er hatte sich nicht mal den Namen und die Adresse dieses Menschen geben lassen. Er ließ einen Anhängerzug für gute tausend Mark anbauen und wußte noch nicht einmal für wen. Wenn der Kerl nun nicht wiederkam?

Doch der Werbefachmann war pünktlich zur Stelle. Er stellte einen Aktenkoffer im Büro des nun eifrigen Angestellten ab, warf ihm einen Personalausweis auf den Schreibtisch und sagte: »Laß mich wenigstens mal eine Runde mit dem Auto um den Block fahren. Du machst inzwischen den Vertrag fertig, und wenn ich wiederkomme, geht die Kohle da über den Tresen.« Er nickte in Richtung Tasche.

Der Verkäufer gab ihm die Schlüssel und die Papiere für die roten Kennzeichen, öffnete dem Burschen die Tür des noblen Autos und sah ihm hinterher. Dann begab er sich in sein Büro und wartete. Dort würde er vermutlich noch heute warten, wenn er nicht den Aktenkoffer geöffnet hätte. Da waren nämlich nur ein Kamm drin und ein paar alte Zeitungen. Und der Ausweis war anscheinend gestohlen. Dieser blonde Mann auf dem Bild hatte überhaupt keine Ähnlichkeit mit dem Werbefachmann.

Zwei Monate gingen ins Land. Der Autohausangestellte war geradeso einer Kündigung entgangen. Das nagte an ihm. Die ersten Nächte hatte er von dem Blonden geträumt. Wie der vor ihm stand und mit dem Finger auf den Schreibtisch klopfte: »Und wehe, ihr Brüder schafft das nicht! Dann gibt's hier mächtigen Ärger ...«

An einem »langen Donnerstag« fuhr der Verkäufer mit seiner Familie zum Einkaufszentrum. Kaum hatte er die Handbremse angezogen sah er ein grünes Auto, welches ihm merkwürdig bekannt vorkam. Dann erblickte er den »Werbefachmann«, der gerade dabei war, ein paar Kartons im Kofferraum zu verstauen. »Da ist das Aas!« rief der sonst so ruhige Familienvater und sprang federnd aus dem Wagen. Er griff den Blonden von hinten an, riß ihn mitsamt der Kartons um und drückte seinen Kopf in den Kofferraum. Der junge Mann schielte zu dem Angreifer und stieß hervor: »Ach, du bist es! Solch ein Zufall! Ich wollte euch die Karre gerade wiederbringen ...«

Diese Leute sind so entwaffnend kindlich. Man hört diese Geschichten und sagt sich: Das passiert mir nie! Und dann gibt es mal wieder eine Flaute im Geschäft – die Brüder riechen das – und wieder fällt einer auf sie herein.

Der mich aufs Kreuz gelegt hat, war kein besonders heller Kopf. Im normalen Gespräch hätte ich das wohl sehr schnell herausgefunden. Doch beim Autohandel gibt es keine normalen Gespräche. Besonders in Zeiten der Stagnation, wie in meinem Fall. Ich war gerade vom Mittagessen zurückgekommen, da ging die Tür auf, und ein junger Mann in einem dunklen, langen Mantel betrat den Schauraum. Er sah sich unschlüssig um, drehte eine Runde und blieb vor meinem Büro stehen. »Haben Sie hier kein Cabriolet?« fragte er leise.

»Im Augenblick nicht«, entgegnete ich, aber das

sei ja kein Problem, denn man könne solch ein Auto bestellen; Farbe, Motorisierung, Ausstattung – alles nach Wunsch, und in acht Wochen, vielleicht auch in sechs, sei ein solches Auto hier.

»Ob wir das mal machen könnten?« fragte er, noch leiser als zuvor.

»Was?« fragte ich.

»Ein Cabriolet zusammenstellen ...«

Ich sah mir den Burschen näher an. Er hatte ein pickeliges Gesicht, sanft geschwungene Lippen und gutmütige Augen. Und er war blond. Jetzt, mit Abstand, denke ich, daß sie alle blond sind. So eine Art Tarnung. Sie geben sich als Lichtgeschöpfe. Wir machten uns an die Arbeit: Sechszylinder, Ledersitze, Aluminiumfelgen – zweiundsiebzigtausend Mark.

»Den nehme ich«, sagte er leise.

»Wie: den nehme ich?« Man kapiert das ja nie, wenn einer so plötzlich kauft. Man sieht sich um oder an dem Mann vorbei. Man ist Druck gewohnt, erbitterten Preiskampf, aber nicht: den nehme ich. Damit kommen Verkäufer selten klar.

»Er muß aber in spätestens acht Wochen hier sein. Ich gehe nämlich nach Spanien.«

»Spanien?« fragte ich, um Zeit zu gewinnen.

»Ich hab' da ein Hotel. Und in zwei Monaten übernehme ich noch eins ...«

»Zwei Hotels in Spanien?« Ich war erstaunt.

»Hm«, machte er. »Und im Herbst übernehmen wir noch ein drittes«, fügte er ganz leise hinzu.

Wer »wir« wären, wollte ich wissen.

»Mit meinem Bruder zusammen. Der ist Rechtsanwalt und macht den ganzen Papierkram. Wir haben nämlich geerbt. Und jetzt steigen wir ganz groß ins Hotelgeschäft ein.«

»Und nun braucht ihr entsprechende Autos für Spanien, stimmt's?«

»Nee«, sagte er, »das Cabriolet soll für meine Freundin zum Geburtstag sein. Die hat sich immer solch ein Ding gewünscht. Erst habe ich hin und her überlegt. Dann habe ich mir gesagt, sie wird ja nur einmal zwanzig, machst' ihr mal 'ne Freude. Ist doch normal, oder?«

Ich nickte. War ja die normalste Sache von der Welt, einer Freundin zum zwanzigsten Geburtstag ein Siebzigtausend-Mark-Geschenk zu machen. Aber dann tat er etwas Entscheidendes, etwas, was mir wahrhaftig den Blick vernebelte. Er bestellte mir einen Gruß von seinem zukünftigen Schwiegervater. Das war ein ehemaliger Kollege von mir. Ein integerer Mensch, und ich war gerührt, daß er sich an mich erinnerte, vermutlich gar diesen Jungen zu mir geschickt hatte, um mir ein Geschäft zukommen zu lassen. Kurzerhand setzte ich einen Vertrag auf, ließ den jungen Hotelbesitzer unterschreiben, geleitete ihn zur Tür, sah ihm nach, wie er in einem alten Wagen den Hof verließ. Fuhr selbst eine Klapperkiste und wollte seiner Freundin ein solches Auto schenken! Das erschien mir nobel. Überhaupt schien mir plötzlich, daß der Junge eine gute Figur gemacht hatte. Wenn ich mir überlege, wie ich mit zwanzig herumgelaufen bin. Und so einer trägt einen eleganten Mantel, weiß sich zu bewegen, ohne gleich überzuschnappen. Drei Hotels in Spanien! Diese jungen Kerle! Vielleicht besaßen sie in einigen Jahren ein Dutzend. Und das in dieser stillen Bescheidenheit. War das eine neue, vielleicht sogar typisch ostdeutsche Variante von geschäftsmäßigem Auftreten? Junge Typen aus dem Osten, die sich Spanien erobern - so etwas ging mir durch den Kopf. Oft ist es die Phantasie, die einem die größten Streiche spielt.

Kurz bevor das Cabrio fertig war, erschien der junge, stille Mann wieder in unserem Autohaus und fragte nach seinem Wagen. Er müsse bald hiersein, entgegnete ich, sei vielleicht schon auf dem Transport. Der Kfz-Brief wäre schon geschickt worden. Vielleicht noch eine Woche, wenn es hoch käme zwei. Das sei doch auszuhalten, oder?

»Schon«, meinte er leise. Nur habe er mit seinem eigenen Wagen einen Unfall gehabt und käme jetzt, da er Fußgänger sei, mit seinen Terminen nicht klar. Ich wisse ja, Spanien, da sei noch soviel Papierkram zu erledigen, zumal sein Bruder im Augenblick krank sei und ihm die ganze Lauferei zufalle. Ob ich nicht ein schönes Auto parat hätte, eines, das gleich lieferbar wäre, vielleicht solch ein Auto, wie es auf diesem Foto da zu sehen sei, das mache doch einen recht vernünftigen Eindruck.

Ich sah mich um und betrachtete das Bild an meiner Bürowand. Glatte hundertfünfzigtausend Mark hingen da. Ich sagte: »Im Augenblick haben wir so ein Auto nicht hier. Aber mein Chef fährt einen Dienstwagen, der zwar eine Nummer kleiner ist, aber gar nicht mal so ohne. Zweihundertdreißig PS und permanenten Allradantrieb, das ist doch schon was, oder?«

Mein Chef händigte mir die Schlüssel aus. Er fragte, wer der Typ sei, der das Auto kaufen wolle. Ich zeigte ihm heimlich den jungen Mann. Mein Chef legte die Stirn in Falten: »Der sieht ja aus wie ein Busfahrer.« Ich entgegnete, daß das täusche, denn dieser »Busfahrer« besäße immerhin zwei Hotels in Spanien, und im Herbst würde noch ein drittes hinzukommen und so weiter.

Wir machten eine Probefahrt. Der Sechszylinder schnurrte, und alle Systeme arbeiteten ebenso ordentlich wie in einem Flugzeug. »Den nehme ich«, beschloß der Hotelbesitzer, und ich machte mich trunken ans Werk: Vertrag ausfüllen, Versicherung abschließen, Zulassungsformulare herrichten. Zwei Tage später kam, früher als erwartet, das Cabriolet. Er würde sie selbstredend alle beide nehmen, meinte der junge Mann. Und wir vereinbarten einen Termin der Übergabe. Es war der Geburtstag seiner Freundin. Nun habe sich doch alles so gefügt, wie er sich das vorgestellt habe, bemerkte er zufrieden.

Er kam mit seinem Mädchen. Es war zierlich, blond und erinnerte mich an meine Frau, als sie so jung war. Ich hatte ihr stets Blumen zum Geburtstag geschenkt. Nur einmal, in einem Anfall von Verschwendungssucht, hatte ich zwei Lehrlingsgehälter für ein paar Schuhe ausgegeben, die mir damals der Inbegriff von Luxus zu sein schienen.

Nun stand diese junge Frau vor dem Cabriolet und begriff allmählich, daß dieses Auto ihr gehören sollte. Ihr Freund hatte sie unter fadenscheinigen Erklärungen in das Autohaus gelockt. Er hatte mir noch davon berichtet, wie er sie diesbezüglich anzuflunkern gedachte, damit dieses Geschenk zu einer wahrhaften Überraschung wurde. Und ich Idiot hatte auch noch gelacht, weit davon entfernt zu wissen, welche Überraschung der Bursche für mich bereithielt.

Kurz - wir kamen zum Schriftkram; hier eine Unterschrift, dort eine und schnell mal die Summen addiert. »Macht hundertneununddreißigtausend Mark und achtzig Pfennige!« sagte ich aufgeräumt. Und ob er in bar oder mit Scheck bezahlen wolle.

»Geht das nicht per Überweisung?«

»Wie?« Ich verstand nicht richtig. Ich sah ihn an, blickte auf seine Freundin - sie wirkte benommen, lächelte still in sich hinein und war sicherlich nicht in der Lage, mir irgendwelche Auskünfte geben zu können. »Sie haben kein Geld mit?« fragte ich den Burschen. »Nicht mal einen Scheck? Wie soll das funktionieren?«

Sein Bruder, der Rechtsanwalt, hätte die Schecks. Und da dieser augenblicklich krank sei, sogar im Krankenhaus liege, käme er nicht an ihn heran. Die Ärzte hätten ihn gerade operiert, und ich wisse ja, wie das sei, wenn man gerade operiert worden wäre ...

Ich nickte, obwohl ich selbst nie operiert worden bin. »Trotzdem, wie stellst du dir das vor?« fragte ich, unvermittelt zum Du übergehend. »Ich gebe euch die Autos mit und kriege von euch nichts weiter als eine Unterschrift?«

»Ja«, sagte er. »Und Anfang nächster Woche haben Sie Ihr Geld, gar kein Problem. Ich soll Ihnen übrigens noch einen schönen Gruß von meinem zukünftigen Schwiegervater bestellen. Wenn er die Zeit findet, will er Sie besuchen. Er meint, Sie seien ein feiner Kerl gewesen. Er hat gern mit Ihnen zusammengearbeitet ...«

Ich gab den beiden die Autos mit. Drückte dem Mädchen einen riesigen Blumenstrauß in die Hand, wünschte ihm viel Glück in Spanien und bat ihn, das Geld so schnell wie möglich zu überweisen.

Und ich dachte ›lieber Gott, laß da ja nichts schieflaufen‹.

Doch was schert sich Gott um einen Gottlosen. Zwei Wochen danach – ich hatte diese Sache fein säuberlich verdrängt, nicht mal geprüft, ob das Geld bereits überwiesen war – traf ich in der Stadt meinen ehemaligen Kollegen. Ich erzählte ihm von seinem zukünftigen Schwiegersohn, von den beiden Autos, seiner Tochter und den Hotels in Spanien. Er sah mich lange und prüfend an. Dann fragte er: »Von dir hat er die Autos? Womit hat er die bezahlt, mit Glasperlen?« Das Unglück sei in seine Familie gefahren, seine Tochter sei diesem Schwindler aufgesessen und benehme sich ganz wie eine Hörige. Er borge sich von ihr Geld und schwätze dauernd von einem Bruder, der Rechtsanwalt sei, der die Schecks besäße aber nun krank darniederliege. »Ich habe mich kundig gemacht«, fuhr er ergänzend fort, »ein Rechtsanwalt dieses Namens existiert überhaupt nicht, vermutlich existiert nicht mal ein Bruder ...«

Wir standen mitten im Stadtzentrum, Leute liefen vorbei, die Sonne schien, ein Auto hupte, und ich hörte, daß irgendwo eine Mutter ihr Kind zur Ordnung rief. Das alles erreichte mich, als sei ich in einem schalldichten Raum, in dem sich irgendwo eine Tür öffnete, einen winzigen Spalt nur. Ich tastete, während der besorgte Vater mir das gesamte Ausmaß der familiären Katastrophe schilderte, nach der Wand des Hauses, an dem wir standen, um mich dort heimlich abzustützen. Hundertneununddreißigtausend Mark und achtzig Pfennige!

So schnell ich konnte, eilte ich ins Autohaus, riß ungestüm die Tür zu meinem Chef auf. Von meinem Gesicht muß er wohl sofort abgelesen haben, daß es mir nicht um Urlaub ging oder eine Gehaltserhöhung. Er hatte seine Erfahrungen mit Unheil und erhob sich, den Nacken einziehend, hinter seinem Schreibtisch.

»Hundert-neun-und-dreißig-tausend-Mark!« stieß er hervor.

»Ja«, bestätigte ich, »und achtzig Pfennige ...«

»Die reißen uns den Kopf ab ...« Er setzte sich vorsichtig wieder hin. Mit »die« meinte er die Führung unserer Autohausgruppe, einen Verbund, dem über zwanzig Autohäuser angehörten. Wenn ein Verkäufer auf eine »Mine« getreten war, flogen selbst dem Chef die »Splitter« um den Kopf. Allerdings war der auch schon so lange im Autohandel tätig, daß er sich im Laufe der Jahre praktische Überlebensregeln angeeignet hatte. Die erste lautete: nicht gleich durchdrehen. »Wir müssen die Autos finden. Wo wohnt die Tochter? Noch bei ihren Eltern? Nichts wie hin und das Mädchen bearbeiten. Vielleicht hängt der Kerl bei ihr herum, und die Autos stehen beide vor der Tür. Solche Burschen denken doch nicht nach. Das bißchen Grips erschöpft sich schnell. Und vor allen Dingen den Kopf nicht hängen lassen. Wir haben noch Zeit, die müssen wir nutzen. In Hamburg ist mir einst ein Zuhälter durchgebrannt. Na, nicht direkt durchgebrannt. Ich hatte ihm das Auto ohne Bezahlung mitgegeben, und er reagierte nicht auf die Mahnungen, die wir ihm schickten. Ich kannte aber das Bordell, in dem er war und wußte auch, daß Zuhälter im Grunde genommen Ärger aus dem Weg gehen und mittelalterlichen Ehrbegriffen nachhängen. Also rein in den Puff. Überall standen die Nutten herum oder saßen lasziv rauchend in dunklen Ecken. Damals war ich Mitte Zwanzig und völlig überfordert mit der Situation. Ich sagte, ›Kinder, seid ihr mal so nett und verratet mir, wo ich Freund Lederbogen finde?‹ So hieß der Kerl. Er hatte auch irgendwie ledern ausgesehen: Lederjacke, Lederhose, sogar das Gesicht wirkte ledern ...«

»Bitte!« unterbrach ich meinen Chef. »Ich kann jetzt nicht zuhören. Bei mir ist auch alles ledern.«

Das Telefon klingelte plötzlich. Mein Chef nahm den Hörer ab, meldete sich und reichte ihn mir hin. »Für Sie!«

Der Verkäufer eines benachbarten Autohauses war am Apparat. Er habe von einem jungen, sympathischen Herrn einen Gebrauchtwagen übernommen, teilte er mir mit, und ihm eine Anzahlung von zwanzigtausend Mark gegeben. Der junge Mann habe den Kfz-Brief bei einem Umzug nach Spanien verloren und sei gerade auf dem Weg zur Zulassungsstelle, um sich einen neuen ausschreiben zu lassen. »Da wollte ich mal etwas über das Auto wissen, denn anhand des Bordbuchs habe ich herausgefunden, daß Ihnen das Auto gehörte.«

»Falsch«, sagte ich, »das Auto gehört mir immer noch. Aber Ihnen fehlt jetzt etwas.«

»Und was?« fragte er.

»Zwanzigtausend Mark«, sagte ich sichtlich erleichtert, nun, da ich nicht mehr der einzige Dummkopf auf dieser Welt war.

Ich zog mir den Kfz-Brief, ging damit zur Polizei, schilderte den Fall und fuhr in Begleitung von zwei Polizisten zu dem besagten Autohaus.

Nachdem ich den einen Wagen aufgebracht hatte, machte ich mich auf die Jagd. Ich wollte das Cabriolet haben. Ich war bereit, mich dafur zu prügeln. Während ich im Auto saß, stellte ich die Musik im Radio so laut, daß die Lautsprecher mir fast den Verstand aus den Ohren bliesen. Hotels in Spanien! Wozu ist Erfahrung und vermeintliche Menschenkenntnis nütze? Ein, zwei Taschenspielertricks, und die Sinne trüben sich. Ich meinte, daß ich in meiner Männlichkeit gekränkt worden war. In Wahrheit erboste ich mich über die eigene Dummheit.

Am Haus meines ehemaligen Arbeitskollegen angekommen, stieg ich aus dem Wagen und erspähte sofort das Cabriolet. Es war verschmutzt, aber ohne Schrammen und Beulen. Ich klingelte an der Haustür. Die Tochter öffnete. »Mein Vater ist nicht da«, sagte sie leise und sah mich scheu an.

»Ich will zu dem Hotelbesitzer«, fuhr ich sie an.

Der saß am Tisch und vesperte. Er fragte, ob ich einen Kaffee haben wolle.

»Ich will die Schlüssel und die Papiere von dem Wagen da draußen!«

»Er ist aber nicht gewaschen«, bemerkte er und sah mich schuldbewußt an.

Plötzlich war meine Wut verpufft. Ich nahm die Schlüssel, die Papiere und wandte mich zum Gehen.

»Wenn mein Bruder«, rief er mir hinterher, »wenn mein Bruder wieder gesund ist ...«

»Bitte!« unterbrach ich ihn. »Ich kann folgende Begriffe nicht mehr hören: Bruder, Rechtsanwalt, Spanien, Hotels, Schecks ...«

»Aber das mit den Hotels ...«

»Bitte!« mahnte ich ihn. Und er ließ mich gehen.

Ein Jahr später traf ich ihn auf dem Gericht wieder. Er war zugeführt worden. Er habe den Termin verschlafen, weil er nachts seinen Bruder pflegen müsse. Der habe sich was in Spanien weggeholt. Und im übrigen, erzählte er dem Richter, möchte er sich noch bei dem Verkäufer dort bedanken. Der sei immer sehr korrekt gewesen, das müsse man ihm schon lassen.

Der Richter warf mir einen langen, merkwürdigen

Blick zu und sprach dann das Urteil. Traumatische Kindheit, Bindungsstörungen, gepaart mit überschwenglicher Phantasie. Sie gaben ihm sozusagen einen Klaps und dem Autohändler den Hinweis, solche Leute nicht in Versuchung zu führen, ihnen nicht permanent das Leben zur Hölle zu machen. Das Gericht drückte sich natürlich anders aus. Aber irgendwie war es bei mir so haften geblieben.

Ich scheine Gemütskranke magisch anzuziehen. Ullstein ist so einer. Er ist Ende Fünfzig, hat stets ein rötliches Gesicht, weißes Haar, kleine huschende Augen und einen verzerrten Mund, das äußere Indiz für seine innere Verspannung. Denn Ullstein ist ein Vertreter der psychisch labilen Übergenauen. Ihr Meister sozusagen. Jedesmal, wenn er kommt, bin ich drauf und dran zu türmen. Einmal bin ich ihm auf die Toilette entwischt. Da stand ich und habe eine Zigarette geraucht. Ullstein wartete vor der Tür. Mein Versteckspiel gab ich sehr schnell auf. Vermutlich wäre er mir gefolgt, wenn ich noch lange gezögert hätte, herauszukommen. Ich trat aus der Tür, und Herr Ullstein wankte mir entgegen.

»Ich habe ein Problem!« rief er und seine Äuglein huschten hin und her. Das wäre auch ein Wunder, wenn Herr Ullstein zur Abwechslung kein Problem hätte. Mein Problem mit ihm besteht darin, daß er mir stets zu nahe kommt, sozusagen meine Sicherheitszone durchbricht, um mir sein Problem zu erläutern. Ich spüre seinen Atem, fast berührt seine Nasenspitze die meine, und ich schütze mich, indem ich ihn instinktiv zur Unperson erkläre und mit starrem Blick an ihm vorbeischaue. So wie es Leute in überfüllten Verkehrsmitteln tun: sie schauen mit starrem Blick aus den Fenstern.

In dieser Haltung erfuhr ich, was geschehen war. Er hatte am Wochenende wieder »hundertfünfzigtausend« Autozeitschriften rezipiert. Ich hasse diese Zeitschriften. Nicht nur, daß sie die Kunden aufwiegeln, dafür hätte ich ja noch Verständnis. Aber sie machen die Verrückten noch verrückter, das ist der ganze Kummer. Ullstein hatte einen Artikel über Autolacke gelesen. Die üblichen Spitzfindigkeiten. Es wurde verkündet, daß sich die dunklen Farben stärker aufheizen und schlechter pflegen lassen. Ein dreiviertel Jahr ist Ullstein hier herumgerannt, hat stundenlange Sitzungen mit mir absolviert, endlich, endlich ein dunkelblaues Auto bestellt. Und nun kam ein Journalist daher und hetzte diesen armen Kerl auf, zerstörte sozusagen mein Werk. Es könnten Wochen folgen, in denen wir jede Farbe einzeln erneut durcharbeiteten. Das durfte nicht sein! Ich war entschlossen, ihm die dunkelblaue Farbe ins Bewußtsein zu nageln. Ich riß mich von ihm los, rieb meine Nasenspitze und führte ihn in mein Büro, ließ ihn sich setzen.

»Herr Ullstein!« sagte ich. »Nehmen wir mal an, ein Fahrzeug heizt sich in der prallen Sonne auf sechzig Grad auf, nur mal angenommen. Meinen Sie, daß ein weißes Auto, das sich nur auf dreiundfünfzig Grad erwärmt, von angenehmerer Temperatur ist?«

»Aber ...«

»Außerdem haben wir ja für Ihr Auto, das hoffentlich bald kommen wird, eine Klimaanlage bestellt, da kann es ja schließlich ...« – Fast hätte ich gesagt: »... scheißegal sein!« – »Da kann es ja egal sein, was draußen für Temperaturen herrschen, oder?«

»Aber ...«

»Und was die Pflege betrifft: auf dem hellen Auto ist der dunkle Schmutz eher sichtbar, als auf einem dunklen Lack. Und umgekehrt. Das sind doch alles Haarspaltereien. Sie sollten Ihrem Stil und Ihrem Instinkt vertrauen. Und der hat Ihnen vor Wochen geraten: dunkelblau muß das Auto sein.«

»Aber ...«

Ich ließ ihn nicht zu Wort kommen und redete und redete. Versuchte, ihm seine Zweifel auszureden.

»Aber es ist ja so«, unterbrach er mich schließlich, »daß ich in letzter Zeit ziemlich nervös bin. Sie müssen wissen ... Nun ja, wie soll ich es Ihnen sagen? Ich liege in Scheidung. Da ist so viel zu erledigen! Diese ganze Rennerei, der Ärger mit den Anwälten, den Ämtern ...«

»Das tut mir leid«, sagte ich.

»Das braucht Ihnen nicht leid zu tun«, hob er wieder forsch an. »Da kommt nur vieles zusammen, und am Ende denkt man, man hat sich in der Farbe vertan.«

»Geht es Ihnen denn sonst gut? Man trennt sich ja von einem Menschen nicht wie von einem Fernsehapparat.«

»Oh doch, ausgezeichnet! Wissen Sie, ich bin da nicht so zimperlich. Der Mensch muß sich zusammenreißen, das gebietet ihm seine Kultur. Solch eine Ehe ist doch nichts weiter als ein Vertrag. Man kommt überein, zusammenzuleben, und wenn die Zeit heran ist, trennt man sich wieder. Diese ganze Gefühlsduselei bringt einen doch kein Stückchen weiter. Schauen Sie, ich hab einen kleinen Garten, bald kommt mein Auto, dann fahre ich nach Dänemark, sehe mich ein bißchen um, gehe am Strand spazieren. Einen kleinen Hund habe ich auch. Der heißt übrigens Berthold, wie mein Urgroßvater. Nein, nein, da gibt es keine Probleme. Diesbezüglich bin ich wie Berthold – nicht wie mein Hund, Gott bewahre. Nein, ich meine, wie mein Urgroßvater. Der war Tischler und von ganz bescheidener Lebensart. Den hat nichts aus der Bahn geworfen. Der war im ersten Weltkrieg Gefreiter und im zweiten Fähnrich. Der sagte immer, man müsse sich in einen frischen Granattrichter werfen. Die Granaten würden niemals zweimal an gleicher Stelle einschlagen ...«

»Waren Sie lange verheiratet?«

Ullstein sah nach oben zur Decke, als überlege er. Ich wiederholte meine Frage, weil er so beharrlich schwieg, ich dachte, er hätte irgend etwas an meiner Bürodecke entdeckt. Da bemerkte ich, daß sich seine Augen mit Tränen füllten und er tief durchatmete. »Fast fünfunddreißig Jahre«, stieß er hervor und tastete nach einem Taschentuch. Ich bot ihm meines an. Er nahm es und wischte sich die Augen.

»Fünfunddreißig Jahre! Das muß man sich mal vorstellen! Und eines ... und eines schönen Tages eröffnet sie mir beim Frühstück, daß sie gehen wird, für immer. Können Sie sich mein Erstaunen ausmalen?«

»Und warum. War ein anderer Mann im Spiel?«

»Nein, nichts dergleichen. Das habe ich sie ja auch gefragt. Wissen Sie, was sie mir da geantwortet hat?«

»Ich ahne es nicht einmal.«

»Sie hat gesagt, sie bekomme plötzlich Probleme, wenn ich an sie herankomme oder sie gar berühre. Sie kriege Hautausschlag oder so etwas.« Ullstein kam ganz dicht an mich heran, um mir diese ihm ungeheuerlich erscheinende Offenbarung seiner Frau mit hochgezogenen Augenbrauen dramatisch zu verstärken. Er hatte trockene Haut und, wie ich schon bemerkte, einen verzerrten Mund. »Können Sie sich das vorstellen?«

Ehrlich gesagt, konnte ich mir das gut vorstellen. Jetzt, in seiner Not, mit dem tränenverschmierten Gesicht und den entblößten gelben Zähnen sah er direkt abscheulich aus. Gleichwohl hatte ich Mitleid mit ihm und nahm mein anfängliches barsches Wesen zurück. Ich nenne so etwas tote Kaninchen totschlagen, wenn man die Nöte anderer mißachtet oder für seine Zwecke ausnutzt. Hätte er jetzt gesagt, er wolle ein gelbes Auto mit roten Punkten, ich hätte mich unverzüglich ans Werk gemacht.

»Herr Ullstein«, versuchte ich ihn zu trösten, »Sie wissen doch, wie Frauen sind. Da steigen wir

Männer nie dahinter. Es gibt Tage, da redet meine Frau einfach nicht mit mir. Ich denke, ›Nanu, was hat die denn?‹ Die Sonne scheint, es ist Frühling, die Teiche dampfen förmlich ...«

»Sie hat ja immer mit mir geredet. Da gab es überhaupt keine Schwierigkeiten. Sie hatte ja auch keinen Grund, mir etwas vorzuwerfen. Was denken Sie - wir sind mit den Kindern los, und ich habe immer alles schön vorbereitet. Wochen vorher schon Pläne gemacht und alles bis in jede Einzelheit ausgetüftelt. Da war nichts dem Zufall überlassen ...«

»Vielleicht waren ihr die Pläne zuwider«, meinte ich ahnungsvoll. »Es gibt doch diese grobe psychologische Einteilung in Drücker und Roller. Sagt Ihnen das etwas?«

Er schüttelte den Kopf.

»Die Roller rollen ihre fast leeren Zahnpastatuben fein säuberlich auf, verwerten auf diese Weise den Inhalt bis auf die kleinste Restmenge und erfreuen sich still und diebisch immer wieder auf das Neue an der Artigkeit und der Ordnung ihres Verfahrens. Die Drücker schnappen sich die Tube und quetschen an ihr bis sie aussieht wie eine Baumwurzel.«

»Ich habe meine Zahnpastatuben immer gerollt«, bemerkte er mit verzerrtem Mund. »Das gehört sich auch so. Mit den Kunststoffdingern geht das ja leider nicht mehr.«

»Und Ihre Frau?«

»Ich habe ihr das immer wieder gezeigt, habe gemahnt, ›Mädchen, so wird sie bis auf einen vertretbaren Rest geleert.‹ Aber nein, sie hat die Tuben in die Faust genommen und gequetscht ...«

»Da sehen Sie es! Sie ist eine Drückerin. Ich zum Beispiel, ich bin ein Roller mit der Tendenz zum Drücken. Deswegen habe ich auch Verständnis für die Drücker. Aber wenn reine Drücker und Roller aufeinandergeraten, dann raucht es!«

»Was soll ich denn tun? Ich bin so unglücklich. Ich will es eigentlich nicht, trotzdem rufe ich sie jeden Abend an oder suche sie in ihrer neuen Wohnung auf. Aber sie unterbricht abrupt das Telefongespräch oder knallt mir die Tür vor der Nase zu ...«

›Weil du Bertholds Regeln im Kopf hast‹, dachte ich. Immer rein in den gleichen Granattrichter! »Sie müssen sich erst mal rar machen«, riet ich ihm. »Nichts ist unwürdiger, als sich wie einen Hund treten zu lassen. Frauen sind oft romantisch. Sie lieben Geheimnisse. Bezwingen Sie sich! Wenn ihre Frau ein halbes Jahr nichts von Ihnen hört, werden Sie automatisch zu einem Geheimnis.«

So richtig glaubte ich selbst nicht an meine Theorie, zumal mich das »Geheimnis« mißtrauisch beäugte und seinen Mund so gut wie nicht mehr unter Kontrolle bekam.

»Sie haben gut reden«, erwiderte er. »Was verstehen Sie denn davon? Ist Ihnen denn schon eine Frau weggelaufen?«

So ist es immer: man will diese Kerle aufrichten, und sie schnappen nach einem. »Erstens«, sagte ich belehrend, »habe ich schon mehr Tritte bekommen, als Sie sich überhaupt ausdenken können. Einmal hat sie sogar die Scheidung eingereicht.«

»Und Sie?«

»Na was schon, ich habe schlotternd klein beigegeben. Nachdem ich zuvor herumgelaufen bin wie ein Fürst, um ihr zu demonstrieren, wie wenig wichtig sie mir im Grunde genommen ist.«

»Das habe ich nie getan!« protestierte er lautstark. »Ich habe mich um alles gekümmert. Ich habe gekocht, gebacken, gebraten. Ich habe die Gardinen angebracht und im Winter den Teppich im Schnee ausgeklopft. Gut, sie hat die Wäsche gebügelt. Dafür habe ich kein Talent. Was ich nicht hundertprozentig beherrsche, davon lasse ich lieber die Finger. Aber ansonsten habe ich alles perfekt bewerkstelligt. Was ist in diese Frau gefahren, was?«

›Da kannst du mal sehen‹, dachte ich im stillen, ›die geschicktesten Unternehmungen mißlingen, und das scheinbar paradoxe führt zum Ziel.‹ – »Ja was«, wiederholte ich seine Frage, »was geht den Frauen so im Kopf herum? Das habe ich mich auch schon tausendmal gefragt. Aber wenn wir das wüßten, Herr Ullstein, meinen Sie, wir wären schlauer?«

So saßen wir da und fachsimpelten über Frauen. Das heißt, Ullstein fachsimpelte eigentlich über seine gottverdammte Korrektheit. Irgendwo sitzen Menschen, die mit einem korrekten Partner leben und sich nach einem abenteuerlichen verzehren und umgekehrt. Was gibt es da zu bereden? Höchstens, daß man sich Bücher kauft und etwas über Hormonausschüttungen liest, über Charme, Geheimnisse, Lebensweisheiten. Dann schlägt man die Bücher zu und gerät womöglich in Rage, wenn einem eine zerquetschte Zahnpastatube unter die Augen kommt. Das ist so wie bei dem Dichter, der täglich Anrufe bekam, er solle den Leuten doch mal was über den Sinn des Lebens berichten, wie man leben soll, und was er ihnen zu raten gedächte, daß sie nicht abstürzen. Darauf er in das Telefon brüllte, volltrunken, daß sie ihn mal kreuzweise könnten. Er schreibe die Scheißgedichte nur, und wenn sie dahinter einen Sinn vermuten würden, so sei das ganz allein ihre Schuld. Er habe selber alle Mühe, sich nicht den Revolver an die Schläfe zu setzen.

Das Autohaus füllte sich, Telefone klingelten und die Verkäufer stürmten nach Prospekten, Preislisten und technischen Merkblättern.

»Ich nehme eine silberne Farbe.« Ullstein trug seine Entscheidung plötzlich und insektengleich in sein Büchlein ein.

»In Ordnung«, bestätigte ich. »Ich gebe die Änderung ein. Eine silberne Farbe ist vielleicht freundlicher.«

Er ging, und ich berührte zum Abschied seine Schulter.

Drei Tage später war er wieder da. Selbstredend mit Büchlein. »Ich nehme doch wieder die rote Farbe«, sagte er mit verzerrtem Mund.

»Wieso ›wieder‹?« fragte ich.

»Wie meinen Sie das?«

»Das Wort ›wieder‹ ist nicht korrekt. Es heißt: ›Ich nehme jetzt die rote Farbe.‹ So ist es richtig. Weil Sie Rot ja noch gar nicht hatten. Ebenso Grün, Gelb und Schwarz. Bislang hatten wir es nur mit Blau und Silber zu tun. Immer schön korrekt bleiben, Herr Ullstein. Ich vertrage nämlich sprachliche Ungenauigkeiten nicht, das ist nun wieder so ein Tick von mir ...«

Und siehe da – es blieb bei Silber.

Frau Senkpiel kenne ich noch von alten Zeiten her. Sie kam grundsätzlich mit ihrem Mann. So dicht und so oft beisammen habe ich nie wieder Ehepaare gesehen. Ich sah sie in der Stadt, im Kino, am Strand, bei uns in der Werkstatt – immer waren sie zusammen. Sie ähnelten sich sehr. Beide waren klein und lächelten eigentümlich sanft. Sie standen immer nebeneinander. Ich glaube fast, daß sie ihre Schuhspitzen ausrichteten. Manchmal fingen sie zur gleichen Zeit an zu reden, unterbrachen sich, entschuldigten sich gegenseitig über diese ihnen ungehörig scheinende Art, und es vergingen Minuten, bis sie sich geeinigt hatten, wer wem den Vortritt lasse. Eine Zeitlang befürchtete ich, sie wären Schauspieler und würden vor mir ein Stück zum besten geben, so eine Art Straßentheater, eine Performance über Zwillinge oder so etwas. Aber im Laufe der Zeit mußte ich mich korrigieren. Die beiden mochten sich. Und ich wurde von Mal zu Mal betretener, wenn ich sah, wie sich Menschen benahmen, die ein Leben miteinander verbrachten, ohne Anstand und Takt zu verlieren.

Dann kam die Wende. Und ich verlor das Paar wie so viele Menschen im Trubel der Ereignisse aus den Augen.

Eines Tages hob ich den Kopf und sah etwas Verblüffendes: Frau Senkpiel ging im Autohaus herum, ein Täschchen in der Hand, und besah sich nach Frauenart die Autos. Über die Schulter hinweg. Und mutterseelenallein. Ich blickte zum Eingang, weil ich mir dachte, jemand müsse Herrn Senkpiel draußen festgehalten haben. Gewaltsam. Anders konnte ich mir es nicht vorstellen. Wie sollte sonst diese hanebüchene Trennung zustande gekommen sein? Schließlich riß ich mich hoch, gab mich zu erkennen, wir gingen in mein Büro und bestätigten uns gegenseitig, wie herrlich es sei, nach diesem Trubel der Ereignisse doch noch ein bekanntes Gesicht zu sehen.

»Es ist wahrlich wie nach fünfundvierzig«, sagte ich. »Kein Mensch sitzt mehr an seinem Platz.«

»Haben Sie denn daran Erinnerungen?« fragte sie und sah mich prüfend an.

Ich verneinte das. Natürlich nicht, aber man kenne das ja von Erzählungen her, da sei kein Stein auf dem anderen verblieben. Nun seien zwar die Steine noch auf ihrem Platz, aber die Menschen habe es verschlagen. Betriebe seien untergegangen, andere wie Pilze aus dem Boden geschossen – kurz, ich redete wie um mein Leben. Nur um der zwingenden Frage auszuweichen, wo in aller Welt ihr Pendant sei.

»Er ist tot«, sagte sie nach einer kurzen Pause

und ohne Übergang. »Er ist von einem Bus überfahren worden.«

Erst wollte ich ›Ach Gott‹ sagen oder ›Das kann nicht sein‹, diese üblichen, schwachsinnigen Formeln, doch dann schwiegen wir beide, und ich ließ sie ein bißchen vor sich hin weinen. Ein Bus, dachte ich, das ist so ziemlich das letzte. Das ist so, wie einen Igel totzufahren.

Sie beschrieb mir den Unfall. Er lag schon eine Zeit zurück. Die Begegnung mit mir hatte ihre Nerven in Wallung gebracht. Sie trocknete sich die Tränen und sagte, daß sie arbeitslos sei. Und da ihr Mann Autos gemocht habe, gehe sie ab und zu in ein Autohaus. Und wenn sie ehrlich sein soll, so gestehe sie, auch ein bißchen nach mir gesucht zu haben. Es sei tatsächlich so, daß niemand mehr am alten Platze sei. Umsomehr würde sie sich freuen, daß es mir gut gehe und daß ich immer noch der Mann sei, der zwischen den Autos lebe.

»Vermutlich werde ich zwischen ihnen sterben«, ergänzte ich und erschrak über meine Taktlosigkeit. Deshalb fragte ich schnell, was sie meine, wie es jetzt weitergehe.

»Ich werde mir einen Mann suchen«, sagte sie fest. »Die Kinder sind aus dem Gröbsten heraus, Zeit habe ich auch. Ich suche mir einen.«

»Das ist gar nicht so einfach«, wagte ich einzuwerfen.

»Ich finde jemanden«, sagte sie bestimmt. »Und dann komme ich her und kaufe bei Ihnen ein Auto.«

Und so kam es auch. Ein dreiviertel Jahr später

tauchte sie mit einem Mann im Autohaus auf, der das ganze Gegenteil von ihr war. Er war groß, hager und machte ein skeptisch wirkendes Gesicht. Er trug ein schmales Oberlippenbärtchen. Und wie es der Teufel will, er war ein Übergenauer. ›Gott sei Dank, einer von der einfachen, weniger anstrengenden Sorte.‹ Er ließ sich alles wieder und wieder durchrechnen, stellte Fragen und war vor allen Dingen asynchron. Wenn sie sich setzte, stand er auf, wenn sie ihre Hände in die Jacke steckte, zog er seine aus der Hose. Irgendwie irritierte mich das. ›Er paßt nicht zur ihr‹, dachte ich, ›er ist unsensibel, mißtrauisch und sehr wählerisch.‹

Nach Wochen kam das Auto. Sie hatte sich herausgeputzt, die Lippen angemalt und sah unentwegt von mir zu ihm. Ich hatte den neuen Wagen extra herrichten lassen und so unter die Deckenstrahler gestellt, daß das Licht spiegelnd den Lack und die Formen veredelte. Sie öffnete vorsichtig und mit spitzen Fingern die Tür, hielt sich – tief einatmend – die Hand vor den Mund und meinte: »Da wagt man sich ja gar nicht reinzusetzen! Das sieht alles so kostbar aus!«

Ihr neuer Partner war unentwegt am Prüfen, faßte alles an und ging sogar in die Knie um an den Reifen herumzudrücken.

»Der Lack sieht komisch aus.«

»Komisch?« fragte ich. Ging das schon wieder mit diesen verdammten Farben los!

»Und wo sind die Fußmatten? Warum liefern Sie uns das Auto ohne Fußmatten?«

»Die sind angeknöpft und in gleicher Farbe wie die Innenausstattung, sozusagen unsichtbar.«

»Unsichtbar?« fragte er.

»Das war nur ein Scherz.« Ich löste eine der Matten von der Befestigung und zeigte sie ihm. ›Hier klaut keiner deine Fußmatten‹, dachte ich. Er begann, mir auf die Nerven zu gehen.

Beim Davonfahren winkte Frau Senkpiel noch aus dem Fenster heraus.

Ein halbes Jahr später sah ich sie wieder zwischen unseren Autos herumstreifen. Er hatte Schluß gemacht. Sie entspräche nicht seinem Niveau ...

»Das hat er gesagt?« entfuhr es mir. »Seien Sie bloß froh, daß Sie den los sind! Wer so etwas sagt, hat doch nicht alle beisammen. Wie der schon aussah! Wie Robin Hood. Und dieses spießige Mißtrauen.«

»Aber ich liebe ihn doch!«

»Was heißt Liebe? Sie stehen unter Schock, wegen der plötzlichen Trennung.«

»Ich habe an nichts mehr Freude. Nachts liege ich wach, und im Kopf kreist es. Ich hatte so viele Pläne! Wir wollten zusammen Urlaub machen. Und nun?«

»Dann fahren Sie eben alleine und wandern in den Bergen herum.«

»Ich hasse Berge. Außerdem habe ich kein Auto.«

»Na toll!« rief ich. »Das Auto hat er. Und sie haben die Hälfte zugeschustert, stimmt's?«

»Nicht ganz die Hälfte ...«

»Und er will es Ihnen ganz bestimmt so schnell wie möglich zurückzahlen, habe ich recht?«

»Woher wissen Sie das?«

»Weil ich die Heinis kenne. Ich habe es hier jeden Tag mit solchen Experten zu tun. Außerdem war er blond, ein Lichtgeschöpf sozusagen.«

»Wie meinen Sie das?«

»Das ist nur so eine Theorie von mir. Was werden Sie jetzt tun? Sich aufhängen?«

»Ich werde mir einen neuen Mann suchen.«

»Ach«, stieß ich hervor, »sich wieder in denselben Granattrichter werfen?«

Sie sah mich fragend an, und ich beschwor sie, vorerst die Finger von den Männern zu lassen. Sie sehe ja, was dabei herauskomme. Sie solle mal schön essen gehen. »Ich habe vor einiger Zeit einen Film gesehen«, sagte ich, »da hat eine Frau nach einer großen Enttäuschung mit ihrer Freundin in einem Restaurant gesessen. Der Kellner brachte das Essen. Und die Frau meinte: Ach, was ist die Liebe gegen ein schmackhaftes Sahneschnitzel!«

»Ich kriege keinen Bissen herunter. Ich habe bereits zehn Pfund abgenommen. Außerdem will ich einen Mann haben und keine Schnitzel essen!«

»Mit Gewalt kriegen Sie keinen.«

»Wetten!«

Bereits einen Monat später schleppte sie einen Neuen heran. Er hatte doch tatsächlich Ähnlichkeit mit ihrem Ersten. Er war klein, sanftmütig, lächelte unentwegt und zog das Bein ein wenig nach. Und er mußte wohl was mit der Blase haben. Kaum hatte sie ihn mir vorgestellt, da suchte er schon eiligen Schrittes die Toilette auf.

»Ich hab ihn gefunden. Er ist gutmütig. Was für einen Eindruck macht er auf Sie?«

»Ja«, erwiderte ich »ein freundlicher kleiner Kerl. Mehr kann man vorerst nicht sagen. Was ist mit dem Bein?«

»Gott ja, ihm fehlt ein Fuß. Er hat mir das gezeigt. Zuerst hab ich einen Schreck gekriegt.« Sie kicherte. »Aber nun stört es mich nicht mehr. Er kann damit sogar rennen. Sie sollten mal sehen, wie ein Wiesel! Und wie scheu er ist! Die Begegnung mit Ihnen ist ihm direkt auf die Blase geschlagen.«

Frau Senkpiels neuer Freund war tatsächlich scheu. Offenbar fühlte er sich von den Autos umringt, denn fortlaufend sah er sich ängstlichen Blickes nach ihnen um, als ginge von ihnen eine nicht zu verdrängende Bedrohung aus. Und wenn ich einen Schritt vortrat, bewegte er sich hinkend zwei Schritte zurück. Ich ließ deswegen diese schnellen Bewegungen, die der hektische Arbeitsstil hervorbrachte, und stellte mich auf sein Wesen ein. Als mir einmal durch Ungeschick der Kugelschreiber zu Boden fiel, schien er direkt aufzuatmen. Als ginge es ihm plötzlich ein, daß ich auch nur ein menschliches Wesen wäre.

Augenscheinlich hielt diese Verbindung zwischen ihm und Frau Senkpiel. Alle zwei Monate schauten sie herein, nur, um nach meinem Befinden zu fragen. Dabei wurde ihr Freund von Mal zu Mal kecker. »Na«, fragte er, »heute schon ein Auto verkauft?«

»Ein Auto?« Ich verzog geringschätzig den Mund.

»Bei mir doch nicht. Ich verkaufe die Dinger nur paketweise, im Zehnerpack sozusagen.«

Über solche Scherze lachte er. Ganz ohne Zweifel baute ihn das auf. Wenn er gewußt hätte, daß ich mich mit solchen Sprüchen selber in Schwung bringen mußte. Es herrschte gerade die Rezession, und an den Fahrzeugen bildeten sich Spinnweben. Bei wem sollte ich mich ausheulen? Bei meinem Chef? Der saß in seinem Büro, zerpflückte Radiergummis und zerbrach Bleistifte.

Seltsam war auch die Begegnung mit Ernö Lawetzky. Er war Ende Dreißig und hatte so eine Art James-Dean-Frisur. Seine Kleidung sah teuer aus. Er trug Jacketts oder Anzüge, dazu stets Krawatten in schrillen Farben. Seinen linken Arm legte er so auf den Schreibtisch, daß ich seine Uhr sehen konnte. Ein glitzernder Apparat, mit vielen Rädchen und winzigen Zeigern. Das Ding sah aus wie ein Funkgerät. Natürlich telefonierte er in meinem Beisein, rief Grobheiten in sein Handy und demonstrierte mir, wie man Menschen am Telefon abkanzelt. Jetzt, nach der Wende, gibt es massenhaft solche Kerle. Sie scheinen alle übergeschnappt zu sein. Jahrelang haben sie irgendwo als Schlosser oder Bäcker gearbeitet, jetzt, wo alle Türen scheinbar offen stehen, juckt es sie, durch mehrere gleichzeitig zu gehen. Auffällig an Ernö Lawetzky war sein pausenloses Reden und seine exzessive Art, zu rauchen. Er zog den Rauch dermaßen intensiv ein, daß ich fürchtete, er würde ihm aus den Schuhen heraustreten.

Natürlich brauchte er ein Auto. Ein »Top-Auto«, wie er sich ausdrückte. Es müsse schnell und sicher sein. Bei seiner Stellung könne er sich keinen Zeitverlust leisten. Die Leasing-Rate dürfe nicht allzu hoch sein, denn er habe sich gerade ein Haus bauen lassen, und da drücke es hier und da. Zwar habe er ein Top-Gehalt, weil er wie ein Pferd arbeite, aber ich wüßte ja sicherlich, was heutzutage alles für Kosten anfallen würden.

Und dann schilderte er mir eine geschlagene Stunde lang, was er für einen wichtigen Posten bekleide, wie kreativ er sein müsse, von wievielen Schwachköpfen er dort umgeben sei, und daß er schon drei Jahre keinen Urlaub mehr gemacht habe, da niemand ihn ersetzen könne.

»Einmal«, sagte Ernö Lawetzky, »habe ich meinem Chef alles vor die Füße gehauen und gesagt: ›Macht doch euren Mist alleine!‹ Dann bin ich nach Hause gefahren. Und wissen Sie, was dann passiert ist?«

»Nö«, sagte ich.

»Er ist mir gefolgt. ›Ernö‹, hat er gesagt, ›tue mir die Liebe und komme zurück. Ich kann doch den Laden dicht machen ohne dich.‹ Er hat gebettelt und gebettelt, und schließlich habe ich nachgegeben.«

Es war nicht zu fassen, was der Kerl mir da alles auftischte! Dabei qualmte er wie eine Schmalspurlokomotive. Und ich mußte alle naselang die Augenbrauen hochziehen, um gespannte Aufmerksamkeit zu demonstrieren. Denn ich hoffte ja, daß er mich nach all dieser Angeberei mit einer Vertragsunterschrift belohnen würde. Was er dann auch wirklich tat.

An dem Tag, als ich ihm das Auto übergab, kam er mit seiner Freundin. Eine Frau, zu der er unentwegt »Schatz« sagte, und die an seiner Seite saß, als hätte er ihr zuvor den Befehl gegeben, ihn anzuhimmeln. Sie reichte ihm die Zigaretten. Einmal gab sie ihm sogar Feuer. Als sie aufstand und sich das neue Auto betrachtete, raunte er mir zu: »Ist sie nicht köstlich?«

Ich bestätigte das.

»Sie frißt mir aus der Hand«, sagte er, stieß mich an und zwinkerte mir zu.

»Nein«, sagte ich und spielte den Überraschten.

»Wenn ich es Ihnen sage. Die Weiber sind ja sowas von dankbar, wenn man ihnen ein bißchen was bietet. Wissen Sie, wo ich sie kennengelernt habe?«

»Bei der Arbeit?«

»Ach was, in einer Bar. Ich war vor einem Jahr in einem Nobelschuppen. Da kostete ein Bier zwanzig Mark. Da stand sie herum wie ein Huhn. Ich hab sie gefragt: ›Was machste denn hier so alleine?‹ – ›Ja‹, hat sie gesagt, ›ich werde wohl nach Hause gehen, denn es ist ja alles so teuer, und da bin ich wohl nicht so recht am Platze.‹ – ›Na, Mädchen‹, habe ich entgegnet, ›wenn du weiter keine Probleme hast.‹ Und dann habe ich erst mal ein bißchen was anfahren lassen. Die Kellner standen Schlange an unserem Tisch. Eine Rechnung von sechshundert Mark! ›Das ist ja ein Vermögen!‹ hat sie gerufen. Wissen Sie, was ich geantwortet habe?«

»Nö.«

»Daß sie das ja abarbeiten könnte. Meine Wohnung sei gleich hier um die Ecke und das Bett groß und leer.« Er stieß mich wieder an und lachte. Das Schlimme ist dieses Mitlachen! Ich hasse mich hinterher dafür. Sicher, es ist kein richtiges Lachen, eher eine Grimasse. Aber sie drückt Einvernehmen aus. Er zog mich praktisch auf sein Niveau hinunter. Das durfte er nur, weil er bei mir ein Auto gekauft hatte.

Monate später tauchte er plötzlich wieder auf, warf sich vor mir auf den Stuhl und zündete sich eine Zigarette an. Er sah aus, als hätte ihn draußen jemand mit einem Baseballschläger in die Mangel genommen. Die Frisur war zerwühlt, das Kinn unrasiert und der Hemdkragen stand weit offen. Er war bleich, abgemagert, und die Augen schimmerten trübe.

»Was ist Ihnen widerfahren, haben Sie einen Unfall gehabt?«

»Das Weib ist mir abgehauen.«

»Wie ist das denn passiert?«

»Sie hat so einen Idioten kennengelernt, einen Diplom-Ingenieur.« Er sprach diesen Titel mit verstellt hoher Stimme aus, als spräche er von einem Transvestiten. »Sie wissen doch, wie die Weiber sind. Drei Windungen im Kopf, dann kommt so ein Angeber daher, und der Verstand ist im Eimer.«

»Weiß Gott«, sagte ich und sah ihm fest in die

Augen. Aber solche Leute sind regelrecht zugeschraubt.

»Was mache ich jetzt?«

»Arbeiten«, riet ich ihm, »arbeiten, bis die Schwarte kracht.«

»Wo denn, ich habe alles hingehauen. Ich war mit den Nerven fertig, und der Chef ist mir dämlich gekommen. Da habe ich meinen Schreibtisch abgeräumt und bin nach Hause gefahren.«

»Und er ist Ihnen nicht hinterhergelaufen und hat sich Ihnen vor die Füße geschmissen?«

Er sah mich mißtrauisch an, aber ich blieb vollkommen ernst und sortierte die Papiere auf meinem Schreibtisch.

»Ich habe mir eine Katze zugelegt«, fuhr er fort. »Die von meinem Bruder hat Junge bekommen. Da habe ich mir eine ausgesucht – ganz allerliebst.«

»Gehorcht die aufs Wort?«

»Katzen? Sie haben ja keine Ahnung, Mann! Versuchen Sie mal, eine Katze anzulocken. Wissen Sie, wie die dann guckt. Als wollte sie Ihnen sagen: ›Schicke mir mal ein Fax, ich lese mir das durch und komme später auf dein Angebot zurück.‹ So sind Katzen! Aber sie sind gut für die Nerven. Meine liegt im Sessel, ich gucke mir einen blöden Film an, kraule ihr das Fell, und sie schnurrt. Was will man mehr? Und überhaupt, ich lese jetzt viel. Ich habe da gerade ein Buch gekauft, das heißt »Die drei Tibeter« oder so ähnlich. Sie glauben ja gar nicht, wie falsch wir alle leben. Da werden einem erst richtig die Augen geöffnet. Meinen Sie, daß

Sie hier gesund leben? Jeden Tag Autos verkaufen, die Telefone klingeln, die Drucker rattern – meinen Sie, daß Sie auf diese Weise alt werden?«

»Darüber habe ich noch gar nicht nachgedacht.»

»Ich bringe Ihnen das Buch vorbei. Da steht alles drin. Ich esse jetzt viel Körner, Salate und so etwas. Und vor allen Dingen nie etwas durcheinander. Immer schön Fleisch zu Fleisch und Obst zu Obst! Das ist besonders wichtig. Und dann mache ich Übungen und gehe am Strand spazieren. Haben Sie sich schon mal die Mühe gemacht, nachts den Sternenhimmel anzuschauen?«

Er redete ohne Unterbrechung. Ebenso, wie er ohne Unterbrechung rauchte. Das Rauchen hatte er in das neue Leben listig mit herübergerettet.

»Wo ist Ihre schöne Uhr?« fragte ich.

»Die habe ich verkauft. Ich besitze einen Reisewecker, das reicht hinlänglich.«

»Und das Auto?« fragte ich ahnungsvoll und dachte: ›Was sagen die alten Tibeter eigentlich zum Autofahren?‹

»Deswegen bin ich ja hier. Wir müssen da irgendwie rauskommen. Die Raten bringen mich um.«

»Wenn ich Ihnen sage, was nach einer Ablösung jetzt, zu diesem frühen Zeitpunkt, herauskommt, bringt Sie das erst recht um.« Ich rechnete ihm alles vor. Er zündete sich sofort eine weitere Zigarette an.

»Ich muß mir einen neuen Job suchen«, sagte er und erhob sich.

Es vergingen Monate, da erschien Ernö Lawetzky

im Autohaus. In seinem Schlepptau eine neue Frau: schwarzes aufreizendes Kleid, blondes, kurzes Haar, linkische Bewegungen. Obwohl sie einen Kopf größer war, dirigierte er sie herum, griff ihr an den Arm und schob, als sei sie ein üppiger Sonnenschirm, den man in eine Gartenlaube bugsierte. »Hier geht es rein, Schatz!«

Am Handgelenk eine neue Uhr, am Hals eine Seidenkrawatte. Und in der Faust ein Handy. Ganz offensichtlich hatte er eine »Beatmung« erhalten. So nannten wir Verkäufer die Tatsache, wenn es einem Kunden wieder gut ging, weil er plötzlich über größere Zuwendungen verfügte oder eine gut bezahlte Arbeit bekommen hatte. In der Tat, er sagte, daß er jetzt ein schnelleres Auto brauche, weil sein neuer Job ihn zwinge, in ganz Deutschland unterwegs zu sein. Seine Freundin saß daneben und trank Kaffee.

»Schlürf' bitte nicht so, Schatz. Das vertrage ich nicht«, rügte er sie.

»Was ist mit dem Buch?« fragte ich ihn.

»Welches Buch?« Er wußte nicht gleich, was ich meinte. Dann winkte er ab und schlug die Beine übereinander. »Bücher? Bücher sind schnell geschrieben. Bei dem Klima da oben leiden die Mönche permanent unter Sauerstoffmangel. Dann haben die Halluzino ... na, das ist gerade so, als würden Sie sich einen Joint reinziehen und zwei Klare hinterherkippen. Dann schreiben die Bücher, verstehen Sie?« Er zwinkerte mir zu und setzte das Wort »Bücher« auf amerikanische Art in Anführung, indem er Mittel- und Zeigefinger zweimal kurz beugte. »Meine Welt ist jetzt die Autobahn. Da kann ich mich nicht von Körnern ernähren und in die Sterne gucken. Hier geht es um Kohle, stimmt's Schatz?«

Sie nickte.

»Und die Katze?«

»Was soll ich mit zwei Katzen. Mir reicht eine vollauf. Der brauche ich auch kein Fax zu schicken. Die kommt bereits, wenn ich den Finger hebe, stimmt's Schatz?«

Sie nickte.

Sie nickte mindestens noch zwanzigmal an jenem Vormittag.

Und Ernö Lawetzky redete sich vermutlich erneut in sein Verderben.

# DER SACHSE

Daß er ein Freund von mir war, kann ich nicht behaupten. Dafür waren wir beide zu verschieden und wenig bereit, unsere Ansichten über das Leben in Einklang zu bringen. Meine waren ihm zu philosophisch, seine mir zu pragmatisch.

Meistens begegneten wir uns über unseren Beruf hin. Er liebte es, wenn ich auf meine Art über Technik sprach, die mich hinriß. »Schau dir dieses Auto an!« schwärmte ich ihm einmal vor, als ich ein besonderes chauffierte und den Sachsen auf einem Parkplatz traf. »Damit kannst du die Autobahn hinter dir in ein Flammenmeer verwandeln! Das sind gut dreihundert PS, und du brauchst zum Anhalten Fallschirme!«

»O nee, du!« bemerkte er schmunzelnd, weil er wußte, daß ich ihn neckte. Achim Kappler, so hieß der Mann, besaß ein eigenes Autohaus und vertrieb harmlosere Wagen. Doch besondere Motoren interessierten ihn, und er bat mich, die Motorhaube aufzumachen. »Das hört sich an wie ein Flugzeugmotor«, bemerkte er anerkennend.

Eines Tages bot er mir an, in seinem Autohaus

zu arbeiten. Nicht nur, weil ihm zu Ohren gekommen war, daß ich mein Geschäft gut verstand. Er fühlte sich seltsam allein, ich spürte das. Und er spürte wohl wiederum, daß ich ihm mit meinen Kauzigkeiten vielleicht sehr nahe war. Trotzdem nahm ich sein Angebot nicht an. Ohne Zweifel wären wir in unseren Ansichten aneinandergeraten. Es hätte nicht funktioniert. Doch wenn ich ihn traf, freute ich mich, daß so einer mein Bekannter war.

Er hatte Kraftfahrzeugtechnik studiert und landete Mitte der siebziger Jahre im Norden in einem Betrieb, der wie am Fließband Autos instandhielt. Er war dort einer unter vielen. Das behagte ihm nicht. Er wirkte unzufrieden, eigenbrötlerisch und irgendwie fehl am Platze. Dazu war er groß, besaß einen leicht watschelnden Gang und nahm sich auf den ersten Blick ein wenig lasch aus. Doch wer darauf setzte, sah sich schnell mit Kapplers Eigensinn konfrontiert.

Als der Betriebsleiter ihn eines Tages beiseite nahm, ihm die Hand auf die Schulter legte und mit weicher Stimme sagte: »Achim, du bist doch ein feiner Kerl ...« und ihm dann nahelegte, in die Partei einzutreten, weil die doch solche Leute wie ihn geradezu nötig hätte, machte sich Kappler frei und sagte: »O nee, du!«

Natürlich zog der Betriebsleiter den Arm zurück, als sei er gebissen worden. Ob er was gegen die Partei habe, stichelte er, ob er denn meine, auf die Art und Weise im Leben richtig vorwärts zu kommen?

Aber Achim Kappler blieb dabei. »O nee, du!« wiederholte er unentwegt. Er achtete auf seine Aussprache. Er mochte das Sächsische nicht. Aber in dieser Wendung hatte sein Dialekt überlebt. Wenn ihm etwas gegen den Strich ging, sagte er: »O nee, du!«

So gerne er etwas im Leben darstellen würde – auf diese Weise war es bei ihm nicht zu machen. Abends saß er stur über seinem Papierkram und grübelte, wie er seinem Leben einen Stoß geben könnte, ohne unbedingt die Richtung zu ändern.

Seine Frau war klein, temperamentvoll und redselig. Sie litt darunter, daß er unbeweglich war und sich selten äußerte. Sie beschwerte sich stets bei ihren Freunden. Und meistens saß Achim Kappler dabei und mußte sich mit anhören, wie sie ihn beschrieb: »Ich sage: ›Was machen wir im Urlaub?‹ Er sitzt da und guckt mich an. Ihr hättet förmlich sehen können, wie sich die Zahnrädchen in seinem Kopfe drehen. Aber glaubt ihr, der Kerl äußert sich? Und plötzlich, eine Woche später, kommt er in die Küche gewatschelt und sagt: ›Inge, wir fahren nach Dresden.‹ ›Ich will aber nicht nach Dresden fahren‹, sage ich.«

Kappler saß da und schaute auf seine Frau: »Aber Dresden ist doch schön.«

Und sie fuhren nach Dresden.

Was Achim Kappler zu schaffen machte, war die Arbeit in seinem Betrieb. In seinem Büro hatte er sich alles ordentlich und in Reichweite aufgestellt und abgelegt. Um so mehr schmerzte ihn das Chaos, das ihn außerhalb seines Büros umgab. Und er nahm es still und grimmig hin, wenn einer seiner Bekannten ihm vorhielt: »Du, in eurem Saftladen lasse ich nie wieder mein Auto reparieren. Erstens hat es über eine Woche gedauert. Zweitens war mein Sitz mit Öl beschmiert.«

Solche Vorwürfe nagten an Kappler. Eines Tages, als er wieder so dasaß und grübelte, fuhr ihn seine Frau an. »Was treibst du da? Guckst du nach innen?«

»Ich mache mich selbständig«, sagte Kappler.

»Was tust du?« Inge Kappler zog die Stirn in Falten. Er erklärte es ihr. Mit den Gewerbezulassungen seien sie jetzt generös geworden. Es hapere an allen Ecken und Kanten. Die Großbetriebe seien nicht produktiv genug, da müssen kleinere Einheiten her. Kurz, er mache eine Autowerkstatt auf. Er habe eine alte Lagerhalle gesehen, die abgerissen werden soll. Die könne man ausbauen, da würden gut und gerne vier Hebebühnen stehen können.

»Die werden dir was«, prophezeite seine Frau.

Aber sie unterschätzte ihren Mann. Der ging nämlich auf die Ämter los. Und es erwies sich, daß der sechsundreißigjährige Kappler eine Besessenheit an den Tag legte, die niemand zuvor an ihm beobachtet hatte. Hieß es, daß der betreffende Verantwortliche zur Zeit nicht anwesend sei und er doch bitteschön am nächsten Tag wiederkommen solle, so sagte Kappler: »O nee, du!« oder »Das kann doch nicht sein!« So ging das in einer Tour, bis dem Torhüter die Nerven versagten und er den Chef auftrieb.

»Draußen steht ein Sachse«, sagte er, »der macht mich fertig. Der steht da wie einbetoniert.«

Der Chef hörte sich alles an, von der Lagerhalle, den Hebebühnen, den Standplätzen. Er hatte Menschenkenntnis. Da steht einer, sagte er sich, den wirst du nie wieder los. Die Partei will Gewerbebetriebe. Warum sollte er diesem nicht die Tür öffnen? Das kostete nichts, und er hatte seine Ruhe. Also nahm er Kappler mit in sein Büro, und sie besprachen die Sache richtig.

Ein Jahr später eröffnete Achim Kappler seinen Betrieb. Es gab Sekt, Bier und die üblichen Würstchen. Die Freunde staunten, einige waren neidisch – wie das immer so ist. Einer nahm seine Frau zur Seite: »Da kann man dich ja nur beglückwünschen zu so einem Mann, Inge. Das hätte ich ihm wahrhaftig nicht zugetraut.«

Inge Kapplers Gefühle waren zwiespältig. Sie war überrascht, daß ihr Mann solch ein Vorhaben und gegen alle Widerstände verwirklicht hatte. Sie spürte sogar so etwas wie Stolz in sich aufsteigen. Wählte sie ihn nicht deshalb zum Ehemann, weil er so hartnäckig gewesen war, sich ihre Liebe sozusagen ertrotzt hatte?

Sie hatte aber auch ihre eigenen Vorstellungen. Und eine davon war, daß Ehepaare alles miteinander besprechen, sich um Rat fragen und gegenseitig ergänzen. Außerdem mochte sie übermäßige Exponiertheit nicht.

Sie stammte aus einfachen Verhältnissen und fühlte sich in der Rolle der Ehefrau eines »Betriebsbesitzers« irgendwie unwohl. Also gab sie sich besonders leutselig.

»Hier sind noch ein paar Würstchen«, rief sie. »Kinder, will jemand noch ein Bier? Achim, steh nicht immer so da wie ein Ölgötze, und schenke den Leuten noch Bier nach! – Einen weißen Kittel hat er sich zugelegt. Ärzte tragen weiße Kittel. Aber doch nicht Kfz-Schlosser.«

»Ich bin Ingenieur«, berichtigte sie Kappler leicht ungehalten. Doch ansonsten nahm er jegliche Angriffe seiner Frau mit Gleichmut hin.

Seine Werkstatt war vom ersten Tag an ausgelastet. Die neuen Kunden kamen von weit her. Er hatte sechs Mitarbeiter und stellte nach einem halben Jahr zwei weitere ein. Das Annahmebüro war stilvoll eingerichtet und den Kunden wurde Kaffee gereicht – wo hatte es so etwas bislang gegeben? Und Kappler stolzierte zwischen den aufgebockten und zerlegten Fahrzeugen herum und sah jedem auf die Finger.

So gingen ein paar Jahre ins Land, und es kam die Wende.

Erst saß er nur abends vor dem Fernsehapparat und verfolgte die Nachrichten. »Das gibt's doch nicht!« rief der sonst so leidenschaftslose Kappler. »Die hebeln die Kommunisten aus! Schau dir das doch mal an!«

»Paß auf, daß sie dich nicht aushebeln«, empfahl ihm seine Frau.

Sie war von Beruf Krankenschwester und ihren Patienten gegenüber sehr aufgeschlossen. »Wo, was, wie?« fragte sie des öfteren, wenn ihr etwas nicht schnell genug einleuchtete. Sie bestand darauf, gehört und verstanden zu werden. Nur bei ihrem Mann kam sie damit nicht weiter.

Kaum hatte das alte System seine Fahnen eingerollt, fuhr Kappler in den Westen. Er nahm sich vor, die Lizenz zum Vertrieb einer der vielen Automarken zu erwerben.

Er rührte sich nicht von der Stelle, wenn er abgewiesen wurde. Wenn man ihm einen Stellvertreter präsentieren wollte, bemerkte er auf seine ureigenste Art: »O nee, du!«

Widerspenstigkeit galt hier als Zeichen von Stärke. Er fühlte sich auch nicht als Bittsteller. Er hatte das alte System abgelehnt und kam mit Referenzen: einem bis dahin florierenden Handwerksbetrieb. Für seine Firmenbesuche hatte er sich einen dunklen Anzug zugelegt, dazu trug er eine elegante, lederne Tasche. So gelangte er bis in die höchsten Etagen einer Automobilfirma, die ihm persönlich geeignet schien. Er wollte nicht irgendeine Marke vertreten, er wollte eine von den besten. Das gefiel den Chefs: ein Mann mit Charakter und einem Konzept. Und was viel wichtiger war – einer mit einem Grundstück und Erfahrung in der Branche. Es verging gar nicht mal soviel Zeit, und Achim Kappler hatte den Vertrag in der Tasche.

Er nahm Kredite auf und ließ sich ein Autohaus bauen. Als wäre er nun plötzlich mit allen Göttern im Bund, führte bald eine neue Umgehungsstraße daran vorbei. Das Haus hob sich von anderen verschrobenen Gebäuden gläsern und farbig ab. Kappler hatte jeden Arbeitsgang der Baufirma genauestens verfolgt. Und wehe, es klemmte eine der Glastüren, oder eine Fliese saß nicht richtig an der Wand! »O nee, du!« sagte er dann zu dem Bauleiter, »das kann doch nicht sein!«

»Der Sachse geht mir auf den Keks«, machte der sich bei seinem Polier Luft. »O nee du! O nee du! – so geht das den ganzen Tag. Ich drehe hier noch durch. Arbeitet ja genau, sonst sind wir nächstes Jahr Weihnachten noch nicht fertig!«

Bereits früher hatte er viel Zeit für seinen Betrieb geopfert. Doch seit er das neue Autohaus eröffnet hatte, kam er immer erst um Mitternacht nach Hause. Es gab nichts, worüber er nicht informiert war. Er war Geschäftsführer, Verkaufs- und Kundendienstleiter in einem. Selten hatte etwas vor seinem kritischen Auge Bestand. Wenn seine Verkäufer meinten, sie hätten die Autos im Schauraum ordentlich präsentiert, kam Kappler, kniff seine Augen zusammen, bekam vor Ärger ein dickes Gesicht und ließ alles wieder umstellen. Jede noch so geringe Nachlässigkeit, jeder Strich, der auf einer Preisauszeichnung fehlte, zu geringer Luftdruck auf einem Reifen, Staub hinter einer Tankklappe – all dies ließ ihn erstarren. Dann sagte er: »O nee, du!« oder er rief: »Das kann doch nicht sein!« Er trommelte seine Verkäufer zusammen, führte sie an den Ort, zeigte auf den Mißstand und sagte: »Sehen Sie das denn nicht?«

Die drei jungen Männer standen da, runzelten

ihre Stirn oder zuckten mit den Schultern. Was sollte da zu sehen sein? »Der Wagen sieht doch gut aus«, stellte der Verwegenste fest.

»Nicht gut genug!« rief ihr Chef.

Diese energische Geschäftsführung zahlte sich aus. Die Menschen in der Region kauften seine Autos. Nun war Kappler nicht mehr der Sachse, sondern einer von ihnen, ein Ostdeutscher. Da alles um sie herum neu und ungewohnt war, erfreuten sie sich plötzlich an altvertrautem. Kappler war der Automann - das war er früher und jetzt umsomehr. Die Verkaufszahlen sprangen in die Höhe, während andere Autohäuser um ihr Überleben kämpften.

In dieser Zeit veränderte er sich. Er wirkte stark, gesund und ausgeglichen, achtete auf seine Ernährung, ließ das Rauchen sein und trank nur mäßig, wenn er und seine Frau Inge mit Freunden zusammen waren. Er liebte diese Feiern. Er spürte, wie die Gäste ihn bewunderten. Wenn jemand fragte, wie er das alles bewerkstellige, dann sagte er gelassen: »Du mußt dir nur alles ganz genau durchdenken, ohne Hast. Du lernst beim Arbeiten. Es gibt nichts, was sich nicht aneignen läßt. Das Leben ist praktisch eine Maschine. Es scheint eine Unzahl von Hebeln und Schaltern zu geben, verwirrende Armaturen - nicht für den, der ihren Sinn studiert.«

»Das Leben ist eine Maschine«, äffte Inge ihm nach. Sie hatte bereits ein paar Gläser Wein intus. »Du bist ein sturer Holzkopf, der den Rachen nicht vollbekommt! Nun will er noch ein Autohaus übernehmen! Dann können wir uns ja Briefe schreiben.«

Und in der Tat, er übernahm einen Betrieb am anderen Ende der Stadt, der in Konkurs gegangen war, führte dort seine Regeln ein, seine Ordnung, die Peinlichkeit seiner Verwaltung, lernte, Arbeit zu verteilen und brachte den Leuten bei, Verantwortung zu übernehmen. Es kam die Stunde, da liefen die Geschäfte praktisch ohne sein Zutun. Er fühlte eine Kraft in sich, noch zwanzig solcher Häuser übernehmen zu können. Die Innung wählte ihn fast einstimmig in die höchsten Gremien der Branche. Er wurde um Rat gefragt, und wenn er um die Ecke kam, nahmen Leute, die ihn kannten, ihre Hände aus den Taschen.

Wie das mit der Fliegerei angefangen hat, ist unklar. Es äußerte sich anfangs so, daß er Flugzeugen nachschaute: Verkehrsmaschinen, Düsenjets, Ultraleichtfliegern – besonders die Sportflugzeuge hatten es ihm angetan.

Einmal zu Pfingsten machte er mit seinen Mitarbeitern eine Radtour übers Land. Kappler meinte, man müsse auch hin und wieder etwas für den Körper tun, wo man doch tagsüber so unter Druck stehe. Er bestimmte die Route, das Tempo und die Pausen. Wenn er unschlüssig war und langsamer fuhr, so riefen die ersten: »Wartet doch mal, der Chef überlegt noch!« Das sollte wohl scherzhaft-liebevoll klingen, entsprach aber den Tatsachen. Sie respektierten selbst sein langsames Denken.

Wenn so einer wie Kappler nachdachte, kam etwas dabei heraus, man sah es ja stets.

Er dirigierte das Dutzend Radler wie unbeabsichtigt zu einem nahen, kleinen Flugplatz. Es war ein herrlicher Frühlingstag, und der »Chef« empfahl eine Pause. Die Frauen vertraten sich auf einer Wiese die Beine, die Männer rauchten und beobachteten interessiert das Treiben auf dem Rasen. Gerade rollte eine einmotorige Maschine in Startposition, der Motor brummte stärker, das Flugzeug gewann an Fahrt, erhob sich leicht schwankend, ging in den Steigflug und verschwand hinter einem Wäldchen. Nur das Brummen war noch zu hören.

»Es ist nicht zu fassen«, sagte Gelmann. »Daß diese Dinger fliegen, ist ein Wunder. Als würden Gartenlauben aufsteigen.« Gelmann war Lehrer für Deutsch und Englisch. Technisch völlig unbedarft. Außerdem besaß er nicht einmal die Fahrerlaubnis. Stets blickten seine Augen zaghaft-verwundert in die Welt.

»O nee, du ...«, bemerkte Kappler. »Das ist doch gut nachzuvollziehen. Das ist wahrscheinlich nicht viel anders als Autofahren. Nur, daß das Gerät dementsprechend gebaut ist und es wohl fünfzig Schalter mehr gibt.«

»Meinst du? Ich würde nie in eine solche Kiste steigen. Für kein Geld der Welt!«

»Ich würde alles dafür hingeben«, sagte Kappler leise.

Zwei Wochen danach meldete er sich zur Flugausbildung an. »Ich nehme jetzt Flugstunden«, sagte er eines Abends zu seiner Frau.

»Was nimmst Du?«

»Ich mache eine Pilotenausbildung.«

»Das ist doch nicht dein Ernst?«

»Doch. Noch bin ich in dem Alter, wo ich das machen kann.«

»Und weshalb?« Es war die Frage nach dem Aberwitz, dem Irrsinn.

Achim Kappler aber antwortete: »Flugzeuge sind so was Ähnliches wie Autos. Sie haben fünfzig Schalter mehr und größere Tanks. Ansonsten gibt es Regeln, selbst Straßen gibt es dort oben in der Luft. Und wer ein Leben lang mit Autos zu tun hatte, wie ich, der gerät unwillkürlich in den Bann solcher Maschinen.«

»Gibt's da oben auch Klapsmühlen?« Ihre Stimme überschlug sich.

Sie sprach mit ihm zwei Wochen kein Wort. Was ihn nicht davon abhielt, seiner neuen Leidenschaft nachzugehen.

Er hatte zwei rührige Verkaufsleiter, die für ihn stellvertretend in seinen Häusern die Geschäfte am Laufen hielten, während er mit großer Hingabe seiner Ausbildung zum Piloten nachging. Nachts saß er über Karten und Handbüchern, paukte sich technische Daten ein und fliegerische Begriffe: horizontaler Geradeausflug, Kurven, Steig- und Sinkflug, Übergang in den Horizontalflug. »Sobald das Ruder ausgetrimmt ist«, las er halblaut, »trimmt man den Querdruck weg. Danach trimmt man das

Höhenruder aus ... trimmt man das Höhenruder aus ...«

Es kostete Zeit, Geld und Energie, bis Achim Kappler in einer Höhe von hundert Fuß die Geschwindigkeit innerhalb ein paar Knoten halten konnte und das System eines Flugzeugs zu begreifen begann. Als er das endlich spürte, stieg in dem Mann ein solches Wohlgefühl auf, daß er nach der Landung wie ein Junge aus der Maschine sprang und sich, ansonsten Nichtraucher, vom Fluglehrer eine Zigarette geben ließ.

»Willkommen im Club«, sagte der Fluglehrer. »Ich sehe, daß Sie in der Sache drin sind.« Er hieß Jensen und sah zudem noch sehr friesisch aus: glattes, blondes Haar, schmales Gesicht und eine schiefe, wie geschnitzt scheinende Nase. Er stammte aus Hamburg und war vor Zeiten Jet-Flieger bei der Luftwaffe gewesen. Er staunte über den Ehrgeiz dieses Sachsen. Kappler war ihm anfangs etwas schwerfällig vorgekommen, so unmilitärisch lasch. Aber was wußte er denn von den Sachsen? Dieser hier war der erste, den er zu Gesicht bekam.

»Wenn man lange Auto fährt«, entgegnete Kappler, »fühlt man ein gewisses Verwachsensein. Ich habe heute so etwas Ähnliches gespürt.«

»Ein Auto frißt einem aus der Hand«, behauptete Jensen, »und wenn es bockig wird, bleibt es stehen. Ein Flugzeug ist ein Tier. Es reißt an den Zügeln, und wenn Sie dann bockig werden, reißt es Sie mit in die Tiefe.«

»Sie haben doch aber ganz andere Flugzeuge unter den Händen gehabt«, warf Kappler ein.

»Aber immer mit Respekt. Und oft unter feuchten Händen.«

Kappler trat die Zigarette aus und sah spöttisch auf den Fluglehrer. Dann beschloß er zu glauben, daß der mit seiner Angst kokettierte.

Als Kappler seine Befähigung zum Instrumentenflug in der Tasche hatte, gab er ein großes Fest. Seine Verkaufsleiter waren da, Leute aus der Innung, Fluglehrer Jensen und die üblichen Freunde. Der Platz hinter seinem Haus war festlich geschmückt. Die Geschenke, die er bekam, hatten das Fliegen zum Thema: eine Marzipantorte in Propellerform, ein T-Shirt mit einem Fallschirm darauf, Poster, auf denen alte Flugzeuge abgebildet waren.

Als die Stunde vorgerückt war, begann Inge Kappler mit ihrer üblichen Litanei. »Unsere Tochter hat Schwierigkeiten in der Schule, der Sohn hängt immer alleine herum; das ist doch kein Familienleben! Er faselt nur von der Fliegerei. Letztens haben wir im Auto gesessen, er hat Gas gegeben und gesagt: ›Hör mal, das hört sich an wie bei der Cessna kurz vorm Abheben.‹ – Ist das noch normal, frage ich euch?«

»O nee, du!« trink doch nicht so viel!«

Es wurde schummrig, die Lichter gingen an, und man redete allenthalben von der Fliegerei.

»Und der Wind«, fragte Gelmann, »das muß doch rütteln?«

»Bei Gegenwind tauchst du einfach tief unter ihm ab, bei Rückenwind reißt du die Maschine hoch, um auf ihm abzureiten. Was soll da sein?«

»Und wenn der Motor aussetzt?«

»Die Motoren werden hundertmal sorgfältiger gewartet als Automotoren. Und wenn es wirklich mal passiert, kannst du das Flugzeug schließlich noch segeln.«

»Aber warum stürzen dann so viele ab? Man liest es doch ständig in der Zeitung.«

»Das sind Pilotenfehler. Die halten sich nicht an die Regeln. Wenn man die Regeln genau einhält und sich vor dem Flug alles genau durchdenkt, kann gar nichts passieren.«

»Mit einer zweimotorigen Maschine würde ich mitfliegen«, warf Gelmann ein, »aber so ...«

»Ich würde nicht mal mit einer dreißigmotorigen mitfliegen«, warf Inge Kappler trotzig ein.«

»Und warum nicht?« wollte die Frau vom Lehrer Gelmann wissen. »Das ist doch schön, wenn ein Mann für etwas eine Leidenschaft entwickelt. Ich bewundere Menschen, die für etwas brennen!« Sie war aufgestanden und hielt ihr Glas in der Hand. Sie war schlank, und man glaubte bei ihr einen schwach südländischen Einschlag zu erkennen. Die Augen waren dunkel, und ihr Kinn hielt sie erhoben, als suchte sie einen Tanzpartner. Ihr Temperament war mit jener feinen Hysterie gepaart, die solchen Personen die Finger und die Lippen zittern läßt, wenn sie sich erregen. Auch ihr hatte der Wein tüchtig eingeheizt. Das äußerte sich in der Heftigkeit der Bewegungen und der Kühnheit ihrer Ansichten. Kapplers Stärke begeisterte sie, und daß er ein Flugzeug führen konnte, erschien ihr so männlich-forsch, daß sie ihre Zuneigung kaum zu verbergen vermochte. »Guck dir doch die Männer heutzutage an! Schlurfen da nicht genug Kerle in Hausschuhen um die Fernsehapparate herum, auf ihren dünnen Beinchen und mit ihren schwabbligen Bäuchlein ...«

»Regina!« warf Gelmann flehend ein und schaute verwundert zu seiner Frau empor, die sich inzwischen erhoben hatte.

»Du sei still, du kneifst doch vor deinen eigenen Schülern! Inge, ich frage dich, warum würdest du da nicht mitfliegen?«

»Weil ich Angst habe. Ich habe ganz einfach Angst, deshalb!«

»Und weil du ihn nicht liebst. Du hast etwas gegen ihn, deshalb bringst du niemals Vertrauen auf. Ich wäre stolz auf einen solchen Mann.«

»Ich habe Angst!« wiederholte sie und stieß ihr Weinglas um. »Ich habe Angst, und keiner glaubt mir. Alle halten zu ihm. Ich habe Angst, weil er alles, was er macht, mit solch einem stupiden Irrsinn tut, ohne nach rechts und nach links zu schauen. Laß mich los, du dickschädeliger Holzklotz! Ich kann alleine gehen!« Sie fiel hin, und Kappler brachte seine Frau unter Verwünschungen zu Bett.

Dann saßen noch viele bis spät in die Nacht, fachsimpelten über die Fliegerei, die Autos und über die politische Lage. Und sie fragten Jensen, was er denn so vom Osten halte.

»Wenn ihr noch mehr solcher Sachsen wie diesen hier in die vordersten Linien bringt, dann seid ihr bald über den Berg!« rief der und legte seinem Flugkameraden den Arm um die Schulter.

»O nee, du!« entgegnete Kappler und entzog sich dieser Geste.

Regina Gelmann saß ganz nah bei ihm, nickte beständig, wenn er etwas sagte. Als er ihr Feuer gab, sah sie ihm tief in die Augen. Oder sie stützte sich mit den Worten »Oh, Verzeihung!« auf seinem Oberschenkel ab und kicherte dabei so anzüglich und nervös, daß sich diese Entschuldigung aufhob. Doch Achim Kappler war nicht der Mann, der sich solche Zeichen übersetzen konnte. Er nahm das als gebührende Huldigung entgegen.

Drei Monate später erwarb er sich eine einmotorige Cessna. Er hatte mit Maklern telefoniert, war lange mit einem Spezialisten im Land herumgefahren. Sie erkundigten sich nach der Geschichte jedes einzelnen Flugzeugs. Seine Cessna gehörte einem älteren, wohlhabenden Herrn, der sich von der Fliegerei verabschiedet hatte. Er machte einen guten Preis, und Kappler schlug ein, denn soviel verstand er vom Geschäft. Auch Autos, die älteren Herren gehörten, zeichneten sich durch makellose Beschaffenheit aus.

Nun stand die Maschine starr und glänzend auf dem heimischen Flugfeld. Kappler umstrich sie, in der einen Hand ein Putztuch, in der anderen ein

Handbuch. »Na«, rief Jensen, der vom Hangar herüberkam, »was ist das für ein Gefühl?«

»Wie beim ersten Auto.«

Jensen verzog das Gesicht. »Kappler, solche Vergleiche hinken. Selbst ein Porsche ist gegen die Cessna ein Baby.«

Bald beherrschte Achim Kappler das Fliegen so gut, daß er sich angewöhnte, seine Geschäftsreisen mit dem Privatflugzeug zu unternehmen. Und wenn er dann mit anderen Unternehmern zusammenkam und gefragt wurde, ob er auch in den Stau zwischen Kassel und Fulda geraten sei, dann antwortete er: »O nee, du!« das ist mir zu langsam. Ich bin mit 'ner Cessna hier.«

Am meisten gefiel Kappler am Fliegen, daß er alles so gut unter Kontrolle hatte. Flugvorbereitung und -pläne waren perfekt: Wie komme ich von hier nach dort, Reisegeschwindigkeit, Abflugzeit, Höhe, Streckenführung, Flugzeit, Treibstoff, Ausweichflugplätze, Gewicht und Schwerpunktkontrolle, Pistenlänge für Start und Landung. Und er hatte die Gegenmittel für hunderte Problemfälle im Kopf.

Es waren weniger die Sonnenuntergänge, die ihn faszinierten, als vielmehr die Tatsache, daß die Welt von hier oben eigentlich recht ordentlich ausschaute. Die Feldraine wirkten wie mit dem Lineal gezogen, und selbst die Waldflächen sahen aus, als seien sie zuvor auf einem Reißbrett entworfen worden. Rauch, der weißlich aus einem Fabrikschornstein aufstieg und sich schließlich am Himmel zerfaserte, bildete eher ein pfiffig disponiertes Detail, als daß er sich störend in diesem Gefüge ausnahm. Berge, Täler, Autobahnen, Kirchen und Fabrikschornsteine – es glitt alles unter ihm hinweg, und hinter dem nächsten Hügel eröffnete sich bereits ein neuer Raum, den er unangefochten und mit schlankem Projektil schnell durchmessen konnte. Das durften nur wenige. Er gehörte dazu. Und das kam, weil er sich das alles genau überlegt hatte und fleißig seinen Weg gegangen war.

Nur, daß seine Frau nicht bereit war, diese Vorliebe mit ihm zu teilen, das schmerzte ihn. Er hätte es gerne gesehen, wenn sie mit ihm im Flugzeug säße und sehen könnte, wie sicher er die Maschine bediente und wie respektlos er den Anweisungen der Lotsen begegnete. Und deswegen stapfte er nach jedem Flug in sein Haus, ächzte und bemerkte: »War das ein Wetterchen! Der Wind hat an der Cessna gerüttelt, daß mir die Arme weh tun.« Oder er gestand: »Heute habe ich einen Landeanflug versaut; ich habe die Cessna wieder hochgerissen, die schnaufte richtig.«

»Vielleicht ist sie in dich verliebt«, stichelte Inge Kappler.

»Wer?« fragte ihr Mann schwerfällig.

»Vielleicht solltest du ihr ein bißchen unter den Flügeln kraulen oder die Füßchen kitzeln.«

»Wem?«

»Gott, deiner Geliebten, der Cessna! Was bist du nur für ein schwerfälliger Mensch. Welcher Idiot erteilt solchen Holzklötzen Fluglizenzen?«

»O nee, du!« jetzt bist du aber ungerecht. Kannst

du nicht einmal ein bißchen lieb zu mir sein?« Er setzte sich zu ihr und legte den Arm um ihre Schulter. Das viele Fliegen hatte ihn milde gestimmt.

Sie weinte. »Du bist ein furchtbarer Egoist. Du hast dir dein Leben eingerichtet. Und was ist mit mir? Ich schmiere euch die Brote und beziehe die Betten neu.«

»Komm doch mit, das Fliegen macht Spaß!«

»Ich habe Angst! Mir wird schon vom Zusehen schwindlig.«

»Vielleicht gibt sich das in einer größeren Maschine.«

Sie sah ihn fragend an.

»Ja, ich werde mir demnächst eine zweimotorige Maschine mieten. Die liegt ruhiger, und du kannst auch übers Meer fliegen, ohne befürchten zu müssen, daß ein Motor aussetzt. Bei einer Einmotorigen ...« Er redete und redete, beschrieb mit den Händen einen imaginären Flug über das Meer, kurvte mit den Handflächen herum, bis sie mit dem Fuß aufstampfte.

Von nun an verstaubte seine Cessna. Er mietete sich so oft es ging ein zweimotoriges Flugzeug, genoß als Techniker diesen erstaunlichen Kraftzuwachs und flog sogar Charterflüge nach München und Budapest, um Flugstunden zu bekommen. Einmal geriet er mit seiner Maschine in eine Gewitterfront. Neben Kappler saß ein kleiner korpulenter Geschäftsmann. Er hatte dünnes, wie angeklebt wirkendes Haar und schloß jedesmal die Augen, wenn ein Blitz vor ihnen in die Tiefe fuhr. Angstvoll erkundigte er sich, was Kappler machen würde, wenn der Blitz einen der Motoren treffen würde.

»Gar nichts!« rief Kappler durch den Lärm. »Die tut es auch mit einem Motor. Außerdem schlägt der Blitz dort nicht ein. Da brauchen Sie sich keine Sorgen zu machen.«

»Sind Sie Berufsflieger?« wollte der Dicke wissen und wischte sich mit seinem Taschentuch blitzschnell den Schweiß von der Stirn.

»Nein.«

»Ohgottohgott!« jammerte der Mann.

»Aber ich habe beruflich mit Autos ...« Es krachte, und die Insassen verspürten einen leichten Stoß im Rumpf. Als würde sich der Druck verästeln und in seinen Ausläufern bis unter die Haarwurzeln der beiden dringen. »Ich habe beruflich mit Autos zu tun. Das Prinzip ist ähnlich. Flugzeuge haben Motoren, Räder und lediglich fünfzig Schalter mehr.«

»Dann tun Sie mir einen Gefallen«, krächzte der Geschäftsmann, »fahren Sie rechts ran und halten dort vorn.«

Drei Wochen später traf Kappler Gelmann auf der Straße. »Wie ist es?« fragte er. »Ich habe mir jetzt eine ›Piper‹ gekauft.« Und er erinnerte den Lehrer an sein Versprechen, in ein Sportflugzeug zu steigen, das zwei Motoren besitzt.

Doch Gelmann gab vor, in Weinlaune gewesen zu sein. Er würde nie und nimmer in ein Sportflugzeug steigen. Er habe bereits Probleme, in einem Auto zu sitzen. Fahrradfahren ja, da würde er sofort einwilligen.

Am Abend desselben Tages rief Gelmann bei Kappler an und meinte, seine Frau mache ihm die Hölle heiß. Sie wolle unbedingt mitfliegen. Und gegen seine Frau könne er nichts ausrichten.

»Am Wochenende fliege ich mit Regina und Hansi Gelmann nach Bornholm«, ließ Kappler kurz darauf seine Frau wissen, in der stillen Erwartung, daß sie ihm die üblichen Vorhaltungen machen würde.

»Ich komme mit«, entgegnete Inge Kappler ohne Umschweife. Und zum ersten Mal nach Jahren sah er sie so aufmerksam erstaunt an, daß er den Mund nicht wieder zubekam.

Was Kappler nicht wußte, war, daß seine Frau sich im Krankenhaus mit einer neuen, noch jungen Schwester angefreundet hatte. Wenn die ihr Frühstücksbrot aß, wippte sie mit dem übergeschlagen Bein und zog die Nase hoch. »Na und«, fragte sie, »wo liegt da das Problem? Wenn der alle Türen bei dir eindrückt, dann reiß ihm doch eine auf. Du wirst sehen, der fällt der Länge nach hin. Ich war auch mal mit einem solchen Bären zusammen. Der war allerdings ein Idiot, und ich habe ihn rausgeschmissen. Aber ich denke, du machst dir was aus deinem Mann, oder?«

»Ja, das schon ...«

»Na also. Außerdem kannst du gar nicht so schnell gucken, wie da irgendwo eine fesche Pilotin am Fuhrwerken ist. Die drehen dann oben ihre Loopings, und du bist raus aus dem Rennen.«

Der Tag kam, und sie stiegen in die ›Piper‹. Es war windig, und es nieselte leicht, als Kappler das

Flugzeug in Startposition brachte. Gelmann saß neben dem Piloten und faßte sich oft an die Nase, als wollte er sich selbst vergegenwärtigen, daß er noch da war. Er schaute verwundert auf die zahlreichen Armaturen und pfiff vor Erstaunen.

»Huch«, machte seine Frau, als die Maschine abhob und in den Steigflug überging. Man sah es ihr an, daß sie aufgeregt war. Sie strich sich durch die Haare, schaute nach unten, den kleiner werdenden Häusern und Äckern nach. »Ich finde fliegen herrlich«, rief sie. »Man bekommt so ein Gefühl für das Ganze, für die Welt ... ich meine ...« Plötzlich ruckte das Flugzeug. »Ist was?« fragte Regina Gelmann. »Es regnet so stark, man kann gar nichts mehr sehen.«

»O nee, du!« vernahm man den Piloten. »Das kann doch nicht sein!«

»Was ist denn da vorn?« rief die Frau des Lehrers. »Hansi, ist da was? So rede doch, Hansi! Was ist denn?«

»O nee, du!« Das kann doch nicht sein!« Kappler griff nach dem Funkgerät. Er rief die Bodenstation: »Wir haben einen Motorschaden. Ich muß eine Notlandung versuchen.« Die Antwort war nicht zu verstehen, weil Regina Gelmann sich losgeschnallt hatte, auf ihrem Sitz kniete und rief: »Was ist denn da vorne los? Was ist mit dem Motor?« Dann gingen ihre Rufe in ein Schreien über. Sie schrie in Intervallen. Und jedesmal, wenn sie genügend Luft geholt hatte, war der Schrei gellender als der zuvor.

Inge Kappler sah den Nacken ihres Mannes. Plötzlich erschien er ihr wie der eines Kindes. Er war leicht eingezogen und das »O nee, du!« klang bereits ganz schwach. Sie hatte ihn stets grübelnd gesehen, bedeutsam, störrisch – jedoch niemals so kindlich-hilflos wie in diesem Augenblick.

Da streichelte sie seinen Hals, spürte, wie er ihr leicht widerstand, beugte sich nach vorne und flüsterte in sein Ohr: »Laß dich nicht verrückt machen, Achim, hörst du! Denke nach, du hast Zeit!«

»Ich bin im Steigflug«, sagte er kleinlaut und halb zu ihr gewandt, daß sich ihre Wangen fast berührten. »Die Luftströmung ist zu gering ...«

»Hör auf, Regina!« rief Gelmann nach hinten. »Du machst ihn verrückt mit deiner Schreierei. Ein Motor ist ausgefallen.« Er ließ nun seine Nase nicht mehr los und sah entsetzt aus dem rechten Fenster auf den starren Propeller.

»Denke nach«, flüsterte Inge in Kapplers Ohr. Die Tränen liefen ihr übers Gesicht, und sie schmiegte sich ganz dicht an ihn. »Denke bitte nach! Du schaffst alles!«

Und schon riß es die Maschine in eine Kreisbahn. Das Schreien der Lehrerfrau ging in ein ersticktes Kreischen über. Dann in ein Jammern. »Was machst du Wahnsinniger! Hansi, was treibt er da!« Und während seine Frau ihn still und zärtlich streichelte, betete sich der bestürzte Pilot einen Spruch aus einem Handbuch vor: »Wird ein Riemen vom Ruderboot gelöst, fährt das Boot in Kreisen. Wenn das Flugzeug immer langsamer wird, gibt es keinen Ruderdruck, das Kurven kann nicht verhindert werden und das Flugzeug ...«

Noch Tage danach kamen Leute an die Unfallstelle. Ein alter Mann mit einem zerknautschten Hut stand am Ackerrand, wies mit dem Stock in den Himmel und erzählte den Umstehenden mit gewichtiger Miene den Hergang: »Da oben kreiste die Maschine. Mir fiel sie auf, weil sie so merkwürdig brummte. ›Was macht der Kerl?‹ dachte ich. Die Kreise wurden immer enger. Plötzlich schmierte die Kiste über die Tragfläche ab und fiel dort hinunter. Wie ein Stein!« Er schlug mit dem Stock von oben nach unten. »Die waren auf der Stelle tot. Eine Frau lag auf dem Acker. Die andere saß so friedlich auf ihrem Sitz, als schliefe sie.«

## DAS LETZTE AUTO

Es gibt Vormittage, da gewinnt man die plötzliche Erkenntnis, daß man eigentlich in einem Hamsterrad läuft. Gewöhnlich deckt man die Zweifel über den Sinn seines Tuns mit Forschheit zu. Man betet sich fidele Losungen herunter: »Wer arbeitet, braucht nicht über das Leben nachzudenken.« Doch das Leben vergeht trotzdem. Oder gerade deswegen schneller, weil man sich in all die vielen Sinnlosigkeiten verstrickt, die man wichtigtuerisch Arbeit nennt.

Letztens gab es bei mir ein solches Aufschauen. Die Sonne schien schräg in das Autohaus, der Schreibtisch war aufgeräumt, das Terminbuch für diesen Tag leer, und das Telefon schwieg beharrlich. Die Ruhe zwischen zwei Gefechten. ›Jetzt die Krawatte vom Hals reißen‹, dachte ich, ›die Glastür aufstoßen und für immer verschwinden. Angeln gehen.‹ Da vernahm ich das Arbeitstier in mir: ›Du, und Angeln gehen! Allein das Wellengeplätscher! Und wer würde die Fische vom Haken reißen?‹

Oder Wandern? Einen Berg erklimmen und durch

den Nebel ins Tal schauen. Und irgendwo fliegt ein Vogel vorbei, und man hört ganz deutlich das Sausen seiner Schwingen ...

Und während ich so meinen Träumereien nachhing, sah ich zwei ältere Leute zwischen den Autos herumstreifen. Ein Ehepaar vermutlich. Ältere Ehepaare kamen immer vormittags. Sie frühstücken, nicht gerade ausgiebig, aber ruhig und stilvoll, hören dabei den Wetterbericht im Radio und beratschlagen, was zu machen sei. Zum Beispiel zur Abwechslung ins benachbarte Autohaus gehen.

Sie war eine kleine, weißhaarige Frau, die ihren Mann dirigierte, und ihr Gesicht war von interessierter Aufmerksamkeit geprägt. Außerdem trug sie eine sommerliche, bunte Jacke, während ihr Mann grau gekleidet war und förmlich neben ihr hertrottete. Sie zeigte auf ein Auto, zeichnete mit der Hand behend dessen Formen in der Luft nach, wies hier und da auf Details und redete ununterbrochen auf ihn ein. Er nickte hin und wieder. Mehr brav als aufmerksam. Als könnte er sich durch dieses Nicken sein ungestörtes Dasein erkaufen.

Ich erhob mich und ging auf die beiden zu, sprach sie vorsichtig an und bemerkte beiläufig, wie der ältere Herr ein wenig zurückwich. Gerade so, daß mein »Magnetismus« es registrierte. Sie dagegen sah mich offen an und sagte in einem scherzenden Tonfall: »Natürlich können Sie etwas für uns tun. Wir wollen uns ein neues Auto kaufen – was sagen Sie dazu?«

»Das finde ich sehr bemerkenswert«, erwiderte ich.

»Mein Mann findet das nicht. Stimmt's Eberhard? Wenn es nach dir ginge, brauchten wir gar nichts mehr zu kaufen.« Er nickte wieder.

»Na ja«, sagte ich, »man kauft ja auch ein Auto nicht wie eine Hose.«

»Sie müssen ihn überzeugen. Ich will unbedingt ein neues Auto. Es soll das letzte sein.«

›Das sagen sie alle‹, wäre es mir beinahe herausgerutscht. Alle Leute über Sechzig sagen das. »Das können Sie gar nicht bestimmen«, behauptete ich statt dessen.

»O doch«, erwiderte sie, »das kann ich wohl. Es ist das letzte, Punktum!« Sie sagte es ohne Verdruß, weich lächelnd, so daß ich mit Gewalt meine aufkommende Beckmesserei ersticken mußte. Ein kleiner Unfall mit großem Schaden für das Auto und gar keinem für die Insassen, die Versicherung zahlt, und das letzte Auto ist das vorletzte. Aber na gut, ich wollte ja Autos verkaufen und keine Spitzfindigkeiten.

»Was für ein Auto schwebt Ihnen denn vor?«

»Es soll schön sein und Charakter haben, junger Mann. So etwas schwebt mir vor.«

Ich war noch unaufmerksam, und deswegen wies ich auf ein Auto, das keine drei Meter von uns entfernt war: schwarz, stark und wie in den Flanken zitternd vor scheinbarer Ungeduld. Mein eigenes Schönheitsideal, was Autos betraf. »Wie wäre es zum Beispiel mit diesem da?« fragte ich.

»Lieber Gott, nein! Das Auto sieht doch nicht schön aus, eher grimmig. Das guckt schon so böse.

Es soll lind und freundlich sein. Es muß zu uns passen, stimmt's Eberhard?« Ihr Mann nickte.

Ich führte die beiden in mein Büro. Ein lindes, schönes Auto, nicht grimmig und nicht schwarz – das war wenig.

»Ich habe nämlich vor ein paar Wochen meine Fahrerlaubnis gemacht«, berichtete sie. »Das ist gar nicht so einfach für eine alte Frau. Aber ich hatte einen netten Fahrschullehrer. Und jetzt wollen wir uns ein schönes Auto leisten.« Sie stellte die Tasche ab und rieb sich ihre kleinen trockenen Hände.

»Haben Sie nie ein Auto besessen?«

»O doch. Wir hatten nacheinander drei in unserem Leben. Das dritte haben wir dann verkauft, als mein Mann einen Dienstwagen bekam. Er war Abteilungsleiter und hatte große Verantwortung. Er war viel unterwegs.«

»Acht Abteilungen«, warf er plötzlich ein, als sei das ein Signal zu seinem Auftritt gewesen. »Ich hatte acht Abteilungen unter mir. Unsere Betriebe lagen weit auseinander, und da mußte ich beweglich sein. Manchmal gab es Ärger, da riefen sie mich mitten in der Nacht an. ›Was sollen wir tun?‹ fragten mich die Männer. ›Das und das ist passiert.‹ – ›Erst mal die Ruhe bewahren‹, war stets mein erster Rat. Einmal hatte ein Lagerraum Feuer gefangen, und der Wind trieb die Flammen zum nächsten hin ...« Er richtete sich unvermittelt auf und beschrieb mir diese nächtliche Katastrophe, die Art seines Eingreifens, die Last seiner Verantwortung.

Und mich erstaunte, daß er sich so plötzlich zu Wort gemeldet hatte. Daß er auch anders konnte, als nur zu nicken und »herumzutappern«.

Das heißt, eigentlich erstaunte es mich nicht. Ich wußte bereits, wie es sich mit solchen Männern verhielt. Fragte ich ältere Herren nach ihren Berufen, um irgendwelche Formulare auszufüllen, Versicherungsverträge oder ähnliches, so nannten sie mir ihre Titel, wo doch die Bezeichnung »Rentner« treffend genug gewesen wäre. Als schämten sie sich für ihre nunmehrige, vermeintliche Bedeutungslosigkeit.

»Wir hatten sogar einen Betrieb in Grevesmühlen« fuhr er fort, beugte sich weit über den Schreibtisch und sah mir gewichtig in die Augen. »Manchmal mußte ich zweimal in der Woche hin. Mit einem ... Wie hießen doch die Dinger gleich?«

»Meinst du den ›Wolga‹? Das war doch ein schreckliches Auto!«

»Schrecklich ... Es ging doch nicht um schrecklich oder nicht schrecklich!« Nun kam bei ihm der alte Despot durch, und er schlug sogar die dürren Beine übereinander, seine Lippen waren belehrend geschürzt. »Es ging um die Sache. Als Leiter brauchte ich Informationen. Das ist doch bei Ihnen heute nicht anders, oder? Das wichtigste ist, informiert zu sein. Ich mußte mir ein Bild machen. Es fehlte doch an allem. Hatten wir ein Loch gestopft, bildete sich woanders ein neues ...«

»Laß doch, Eberhard! Das sind doch alte Geschichten. – Er regt sich nämlich immer so auf, wenn er davon spricht. Wir kaufen uns ein schönes Auto, und im Juni fahren wir zu meiner Schwester in den Taunus.« Sie streichelte ihrem Mann ganz sacht den Arm.

»Alte Geschichten? Das vergesse ich mein Leben lang nicht, wie die mich abserviert haben. Von heute auf morgen in den Vorruhestand. Aus den Augen, aus dem Sinn. Der einzige, der mich hin und wieder besucht, ist Lehmbecker, mein Kraftfahrer. Nicht mal angerufen haben sie.«

»Wer denn?« fragte sie behutsam. »Wer soll dich denn anrufen? Der ganze Betrieb existiert doch nicht mehr. Das ist doch alles in sich versunken. Du hast deine Sache gemacht, jetzt machen die anderen die ihre, so ist das Leben. Und jetzt kaufen wir uns ein schönes Auto, und der junge Mann wird uns beraten.«

»Wir können ebensogut mit dem Zug fahren und das Geld sparen«, entgegnete er und verschränkte störrisch die Arme vor der Brust, um sie sogleich wieder zu öffnen und mit dem Knöchel auf den Tisch zu klopfen. »Wenn bei uns einer von den Alten den Betrieb verlassen hatte, habe ich sie niemals aus den Augen verloren. Ich habe jeden einzelnen aufgesucht, ihm Blumen mitgebracht und mich nach seinem Befinden erkundigt. Etwas anderes kam bei mir nicht in Frage. Sie sollten wissen, daß wir an sie denken, egal welchen Posten sie bekleidet hatten. Wir waren doch Menschen und keine Automaten. Das zählte ich zu meinen ersten Pflichten als Vorgesetzter. Und jetzt? Wenn ich verrecke, kräht kein Hahn danach. Als habe man nicht sein Leben lang hart gearbeitet, sondern sich Schuftigkeiten geleistet.«

»Wofür willst du das Geld sparen?« unterbrach sie ihn schlau. »Wir waren übereingekommen, daß wir uns ein schönes, neues Auto kaufen. Dafür habe ich die Fahrerlaubnis gemacht. Er fährt nämlich nicht mehr gerne Auto. Er hat sich früher schon immer so aufgeregt. Einmal hat er einem Kraftfahrer die Faust gezeigt. Der hat uns dann gestoppt, unsere Tür aufgerissen, ein riesiger Kerl in einer Arbeitsjacke, und hat gefragt, was er denn mit seiner mickrigen Faust machen wolle.« Sie nahm ein Taschentuch, hielt sich das vor den Mund und kicherte hinein.

»Das denkst du dir doch jetzt aus, das stimmt doch gar nicht.«

»O doch«, sagte sie und lachte verhalten, »das stimmt. Du vergißt bloß alles. Ist das bei Ihnen auch so, daß Sie alles vergessen?«

»Das hält sich in Grenzen«, antwortete ich.

»Warten Sie es mal ab, das kommt noch. Männer vergessen immer alles. Sie können sich keine Telefonnummern merken, keine Bankleitzahlen, keine Geburtsdaten ...«

»Mit Geburtsdaten habe ich auch Probleme«, sagte ich bestätigend.

»Sehen Sie. Aber wir schweifen ab. Wir wollen ja ein Auto kaufen. Wir konnten nie Urlaub machen, weil er so engagiert war. Ich war noch niemals in Dresden oder in der Sächsischen Schweiz, ganz zu schweigen vom Mittelrhein, dem Loreleifelsen und all dem. Das muß man doch mal gesehen haben!«

»Wozu«, sagte er, »das kannst du dir auch im Fernsehen angucken.«

»Eben nicht«, rief sie munter und sah mich an. »Davon will ich ihn ja gerade weg haben. Er stellt sich bereits nach dem Frühstück die Kiste an. Und wenn ich ihn da nicht wegziehe, kriecht er eines Tages noch hinein und ich sitze alleine da, während er da zwischen den Röhren herumkrabbelt.«

»Transistoren«, verbesserte er. »Die haben schon lange keine Röhren mehr.«

›Die haben auch schon lange keine Transistoren mehr‹, korrigierte ich ihn im stillen. Trotzdem tat er mir leid. Vielleicht war es auch das Mitleid mit dem männlichen Geschlecht an sich, mit mir selber. Man konnte wer weiß was im Leben dargestellt haben – Edelmann, Minister oder General. Wenn die Stunde kam, schlurfte man in Hausschuhen durch die Wohnung und betrachtete das Leben am liebsten von weitem, vom Fernsehsessel aus. Frauen scheinen da anders zu sein. Sie wittern Gefahr. Und wenn einer an nichts mehr Freude hat und sich in Gedanken die Vergangenheit vergoldet, so ist das mehr als gefährlich.

»Sie müssen ihn überzeugen«, sagte die Frau. »Ich alleine schaffe es nicht, Sie sehen es ja.«

»Das ist so eine Sache«, sagte ich. »Ich habe ein Leben lang mit Autos zu tun gehabt. Ich gehöre zu denen, die das Autofahren genießen. Es gibt kaum ein technisches Gerät auf der Welt, in das soviel Wissenskraft investiert wurde. Wenn ich mir eine neue Form anschaue, bin ich mir bewußt, daß der Schwung, die Rundungen oder Abrißkanten nicht zufällig entstanden, sondern im Windkanal geboren wurden. Und das Hunderte von Designern die verteufelt schwere Aufgabe hatten, die nüchternen technischen Vorgaben in Kunst zu verwandeln.« Ich kann nichts dafür; wenn ich von Autos spreche, werde ich manchmal pathetisch. Ich habe einfach zu viel und zu lange inmitten dieser Kisten gelebt. Wenn er seine Vergangenheit vergoldete, so war ich gerade im Begriff, mein derzeitiges Leben zu verchromen. Gerade noch rechtzeitig wurde ich gewahr, daß der Blick des alten Mannes abirrte.

»Und trotzdem«, fuhr ich fort, »überschlagen sich die Dinger auf den Straßen, krachen gegen Bäume und verpesten die Luft. Sie sorgen dafür, daß sich die Menschen deswegen in den Haaren liegen. Ich liebe sogar diesen Widerspruch. Eigentlich gehöre ich zu denen, die nur Autos an Menschen verkaufen können, die ähnlich denken und empfinden wie ich. Jemanden gegen seinen Willen etwas einzureden, das gelingt mir schwer.«

»Das haben Sie sehr schön gesagt. Wo steht solch ein Kunstding?«

»Kommen Sie bitte mit!« sagte ich plötzlich entschlossen. »Wir haben letzte Nacht ein neues Modell bekommen. Es steht noch auf dem Hof, ist voller Schutzwachs und mit Aufklebern versehen.

Es ist hellgrün, lind, im weitesten Sinne.« Ich führte das Ehepaar auf den Hof und wies auf den Wagen. »Das ist es«, sagte ich.

Sie blieb stehen und legte den Kopf auf die Seite. »Das Auto lächelt«, meinte sie.

»Ist es stark?« fragte er mich leise.

»Und ob!« raunte ich ihm ins Ohr. »Damit können Sie Ihren Garten umpflügen.«

»Ich habe gar keinen Garten«, entgegnete er und formte spitzbübisch seinen Mund. »Kann ich mich mal reinsetzen?«

Ich lief nach den Schlüsseln, öffnete die Wagentür, brachte den Sitz in Position. Der alte Herr stieg ein und ergriff das Lenkrad.

»Es riecht streng«, bemerkte er.

»Das ist nur anfänglich, das vergeht.«

»Warum ist es nicht grau?«

»Weil es lind sein soll, oder?«

»Rostet es schnell?«

»Es rostet gar nicht. Die Autos sind vollverzinkt. Da sind zehn Jahre Garantie auf Durchrostung drauf.«

»Das heißt also, daß dieses grüne Ding mich überleben wird?« fragte er voller Entrüstung.

»Nein, das heißt nur, daß dieses grüne Ding mit aller Wahrscheinlichkeit zehn Jahre nicht rosten wird.«

Zum ersten Mal sah er mich aufmerksam an. Dann ergriff er meinen Arm und stieg aus dem Wagen. »Sie wollen das Auto loswerden, stimmt's?«

»Ich will jedes Auto loswerden, davon lebe ich.«

»Und wenn ich nein sage?«

»Dann habe ich Pech gehabt. Sie haben gehört: ich zwinge niemanden, auch nicht hintenherum Das ist nicht mein Stil. Aber Ihre Frau wird nicht locker lassen, meinen Sie nicht?«

»Ich bin hier der Chef. Wenn ich nicht will, wird hier nichts daraus.«

»Wir sind immer die Chefs. Ist Ihnen das schon mal aufgefallen? Auch ich unterschreibe jeden Mist, den mir meine Frau vorlegt. Das ist ein uraltes Ritual.«

»Darüber habe ich noch gar nicht nachgedacht.« Er sah mich mit seinen wasserhellen Augen an.

»Was redet ihr da unentwegt? Eberhard, ist es nicht ein freundliches Auto?«

»Es ist stark, und es rostet nicht«, erwiderte er.

»Also nehmen wir es?« fragte die Frau.

»Wir nehmen es«, bestätigte er seufzend und sagte leise zu mir: »Her mit dem Vertrag! Ich unterschreibe jeden Mist.«

Als die beiden das Autohaus verlassen hatten, saß ich noch eine Weile da und dachte über das Gespräch nach. Ein Kollege von mir steckte den Kopf durch die Tür und fragte: »Das hat ja gedauert. Haben die wenigsten etwas gekauft?«

»Ja«, erwiderte ich, »immerhin das letzte Auto.»

INHALTSVERZEICHNIS

Markus Möller/Ronald Prokein

# Durchgetreten

Zwei junge Männer aus Rostock beschreiben in diesem Buch ihre Radtour rund um die Welt, u. a. quer durch Rußland, China, Kanada und die USA in der Guinness-Rekord-Zeit von 161 Tagen. Fast 18000 Kilometer über Asphalt-, Stein-, Schlamm- und Sandpisten, geplagt von Mücken, Fieber und Schmerzen durchquerten sie drei Kontinente, schliefen unter freiem Himmel, in Nobelherbergen und Armenhäusern, in Kirchen und Feuerwehrstationen. Sie gerieten in Handgemenge und Polizeigewahrsam, sprachen mit Botschaftern und Prostituierten, mit Ministern und Unterweltbossen, wurden verwöhnt und bestohlen ...

1996 kam »Durchgetreten« in die nähere Wahl zum Internationalen Preis der Reiseliteratur in Österreich.

199 Seiten, mit 28 Fotos
ISBN 3-929395-22-3

WeymannBauerVerlag

Michael Schmidt
# Das Hurenhaus

Herr F. aus Bielefeld führt Deutschlands ordentlichsten Puff und würde ihn am liebsten verkaufen. Das Edelcallgirl Regine flüchtet in die Sozialarbeit. Versicherungsvertreter Möller macht sich für Huren stark. Sexunternehmer in Rostock wundern sich: Da haben sie nun im Osten ein tolles Eros-Center hingeklotzt, und dann steht der Laden fast leer. Yvonne ging schon anschaffen im Arbeiter- und Bauern-Staat. Sie ist ausgestiegen. Zu hart der Westen. Vorbei die Zeiten, als ein Seemann hundert Dollar für eine Nacht zahlte, und sie Stammkundin im Intershop war ...

Michael Schmidt hat sich im Milieu umgesehen. Er lernte die Akteure kennen und läßt sie hier ihre Geschichten erzählen. Im Originalton.

195 Seiten, mit 17 Fotos und 2 Faksimiles
ISBN 3-929395-25-8

WeymannBauerVerlag

Harri Engelmann (1947)
Ausbildung als Kraftfahrzeugschlosser,
1965 Meisterstudium,
Fernstudium am Institut für
Literatur in Leipzig,
Veröffentlichungen in Anthologien
und Zeitschriften. Autor zweier Erzählbände.
1989 Debütantenpreis vom Verlag Neues Leben.
Seit 1990 Autoverkäufer in Rostock
Lebt in Klein Nienhagen.